辽宁省"双高建设"立体化教材
全国船舶工业职业教育教学指导委员会特色教材

U0645192

船舶机械制造工艺

主　编　陆显峰
副主编　郝春玲
主　审　刘祥伟

哈尔滨工程大学出版社
Harbin Engineering University Press

内 容 简 介

本教材是船舶类高职院校机械设计与制造专业通用教材,是辽宁省高水平现代化高职院校和高水平特色专业群项目建设教学改革的系列教材之一。本教材编写上采用工作任务式教学模式,主要包括轴类零件、套筒类零件、箱体类零件、齿轮零件、曲轴零件、拨叉及连杆零件和舵叶零件加工工艺的编制等9个项目。

本教材内容实用,围绕船用零件,以真实生产任务、生产产品为载体,使学生能掌握船用零件加工工艺的编制方法,了解船用零件的加工特点。本教材紧紧围绕加工船舶实际产品所需要的知识来选择课程内容,重构知识的系统性,注重内容的实用性和针对性,着重对学生工艺基础知识的培养,打牢学生知识的根基。

本教材适用于高等职业教育船舶机械工程技术、机械设计与制造、数控技术应用、机电设备维护维修等专业教学,也可作为机械设计制造及自动化专业技术人员的参考教材。

图书在版编目(CIP)数据

船舶机械制造工艺/陆显峰主编. —哈尔滨 : 哈
尔滨工程大学出版社,2020.8
ISBN 978 – 7 – 5661 – 2698 – 6

Ⅰ. ①船… Ⅱ. ①陆… Ⅲ. ①船舶机械 – 机械制造工
艺 – 高等职业教育 – 教材 Ⅳ. ①U664

中国版本图书馆 CIP 数据核字(2020)第 137966 号

选题策划　薛　力
责任编辑　王俊一　刘海霞
封面设计　李海波

出版发行　哈尔滨工程大学出版社
社　　址　哈尔滨市南岗区南通大街 145 号
邮政编码　150001
发行电话　0451 – 82519328
传　　真　0451 – 82519699
经　　销　新华书店
印　　刷　哈尔滨市石桥印务有限公司
开　　本　16
印　　张　7.5
字　　数　190 千字
版　　次　2020 年 8 月第 1 版
印　　次　2020 年 8 月第 1 次印刷
定　　价　26.00 元
http://www.hrbeupress.com
E-mail:heupress@ hrbeu.edu.cn

前　言

为了满足辽宁省高水平现代化高职院校和高水平特色专业群项目建设的需求,使学生获得"工作过程知识",必须更新教育观念,重组课程体系,改革教学模式。

机械设计与制造专业是渤海船舶职业学院历史最悠久的专业之一,为国家的造船事业培养了许多优秀人才。"船舶机械制造工艺"这门课程是机械设计与制造专业的核心课程之一。本课程以机械行业常用零件为主体,突出船舶特有零件的加工工艺,教材编写和教学实施贴近生产实践,注重增强学生质量、责任、成本和效率意识,有效地培养学生的职业素质。

本教材以企业岗位需求和国家职业标准为主要依据,在借鉴国内外机械设计与制造专业的先进资料和经验的基础上,邀请具有丰富经验的企业一线技术人员和行业专家参与本教材的编写,使教材内容密切联系企业生产实际,有利于实现工学结合的人才培养模式。

本教材内容主要是针对船舶常用零件的加工工艺流程而编写的,选择了零件加工工艺文件识读,轴类零件、套筒类零件、箱体类零件、齿轮零件、曲轴零件、拨叉及连杆零件和舵叶零件加工工艺的编制,以及机械加工质量分析与控制9个项目。

本教材体现了以下编写特色:

1.采用基于工作过程的教学思路。本教材每个项目都符合工艺分析、实际加工、质量检测和考核评价的教学实施过程。

2.理论知识与实践技能相结合。本教材注重专业技能的系统性和教学实施的可操作性。

3.所选任务典型。本教材所选任务涉及的理论知识和技能不仅全面而且具有一定的典型性,由浅入深,循序渐进,训练学生运用已学知识在一定范围内学习新知识的技能,提高解决实际问题的能力。

4.在培养专业能力的同时,增强学生职业素质和团结协作的能力。

5.注重信息化资源的使用,扫描二维码可以视频观看18个零件加工操作方法及9个大国工匠传奇经历的介绍。

本教材适用于高等职业教育船舶机械工程技术、机械设计与制造、数控技术应用、机电设备维护维修等专业教学,也可作为机械设计制造及自动化专业技术人员的参考教材。

本教材由渤海船舶职业学院陆显峰(讲师)任主编,郝春玲(副教授)任副主编,刘祥伟

（教授）任主审,渤海船舶职业学院陈估（讲师）、孙立（实验师）、杜世法（实验师）等参与编写。本教材具体分工如下:项目一、项目二、项目三、项目八由陆显峰编写,项目四、项目五由郝春玲编写,项目六由陈估编写,项目七由孙立、杜世法编写,项目九由姜昊宇编写。渤海船舶机械工程有限公司石腾飞（工程师）参与技术指导。

由于作者水平有限,教材编写中难免存在疏漏之处,恳请各相关高职教学单位和读者在使用本书的过程中给予关注,提出宝贵意见,在此深表感谢!

编　者

2020 年 5 月

目　　录

项目一 零件加工工艺文件识读

任务一 零件加工工艺基础知识

一、生产过程和工艺过程

机械产品制造时,将原材料或半成品转变为成品的全过程,称为生产过程。

对于结构比较复杂的机械产品,其生产过程主要包括如下几方面。

1. 生产技术准备过程

生产技术准备过程是指产品投入生产前的各项生产和技术准备工作,具体包括产品的试验研究和设计、工艺设计和专用工艺装备的设计与制造、各种生产资料的准备及生产组织等。

2. 毛坯的制造过程

毛坯的制造过程包括铸造、锻造和冲压等。

3. 零件的加工过程

零件的加工过程包括机械加工、焊接、热处理和其他表面处理等。

4. 产品的装配过程

产品的装配过程包括部装、总装、调试和涂装等。

5. 各种生产服务活动

生产服务活动包括生产中原材料、半成品和工具的供应、运输、保管,以及产品的包装和发运等。

在现代工业生产中,一件产品的生产往往是由许多工厂以专业化生产的方式合作完成的。这时,某工厂所用的原材料,可能是另一工厂的产品。

例如,制造汽车时,汽车上的轮胎、仪表、电器元件、液压元件甚至发动机等许多零部件都是由专业工厂协作生产,由汽车厂完成关键零部件的生产,并装配成完整的产品——汽车。

产品按专业化组织生产后,各有关工厂的生产过程就比较简单,有利于保证质量、提高生产率和降低成本。

二、机械加工工艺过程及其组成

在机械产品的生产过程中,对于那些与原材料转变为成品直接有关的过程,如毛坯制造、机械加工、热处理和装配等,称为工艺过程。采用机械加工的方法,直接改变毛坯的形状、尺寸和表面质量,使之成为产品零件的过程,称为机械加工工艺过程。

在机械加工工艺过程中,根据被加工零件的结构特点和技术要求,常需要采用各种不同的加工方法和设备,并通过一系列加工步骤,才能将毛坯转变成零件。

因此,机械加工工艺过程是由一个或若干个顺次排列的工序组成的,而工序又可细分为若干个工步、进给、装夹和工位。

1. 工序

工序是指一个(或一组)工人,在一台机床(或工作地)上,对一个(或同时对几个)工件所连续完成的那部分工艺过程。

区分工序的主要依据是工作地(或设备)是否变动,零件加工的工作地变动后,即构成另一工序。

工序是工艺过程的基本单元,是制定劳动定额、配备工人、安排作业计划和进行质量检验的基本单元。

在一个工序内,往往需要采用不同的刀具和切削用量对不同的表面进行加工。图1-1和表1-1、表1-2为阶梯轴及其加工工艺工程。

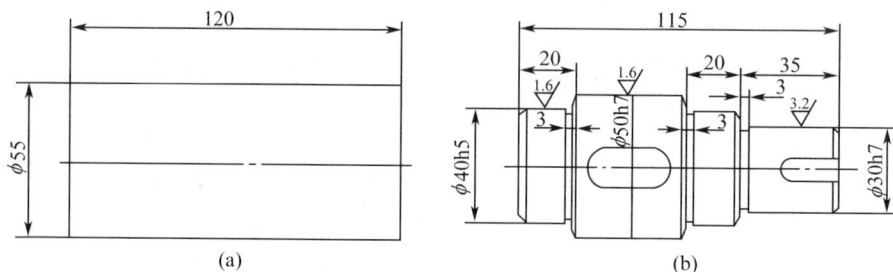

图1-1 阶梯轴

注:本书此类工程图中单位均为mm,后不标出。

表1-1 阶梯轴加工工艺工程(单件小批量)

工序号	工序内容	设备
1	端面、钻中心孔、车全部外圆、切槽与倒角	车床
2	铣键槽、去毛刺	铣床
3	磨外圆	外圆磨床

表1-2 阶梯轴加工工艺工程(中批量)

工序号	工序内容	设备
1	铣端面、钻中心孔	铣端面钻中心孔机床
2	车外圆、切槽与倒角	车床
3	铣键槽	铣床
4	去毛刺	钳工台
5	磨外圆	外圆磨床

2. 工步

工步是指加工表面、切削工具和切削用量中的转速与进给量均不变条件下所完成的那部分工艺过程。

一个工序可包括几个工步,也可以只包括一个工步。

例如,在表1-2的工序2中,包括有车外圆及切槽等工步,而工序3当采用键槽铣刀铣键槽时,就只包括一个工步。构成工步的任一因素(加工表面、刀具或切削用量)改变后,一般即变为另一工步。

对于那些在一次安装中连续进行的若干相同的工步,为简化工序内容的叙述,通常只看作一个工步。例如图1-2所示零件上四个 $\phi15$ mm 孔的钻削,可写成一个工步——钻 $4 \times \phi15$ mm 孔。

为了提高生产率,用几把刀具同时加工几个表面的工步,称为复合工步(图1-3)。在工艺文件上,复合工步应视为一个工步。

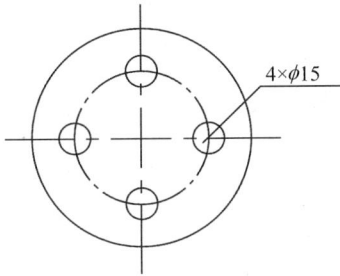

图1-2 简化相同工步　　　　图1-3 复合工步

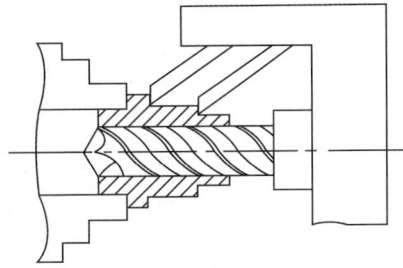

3. 进给

在一个工步内,若被加工表面需切去的金属层很厚,需要分几次切削,则每进行一次切削就是一次进给。一个工步可包括一次或几次进给。

4. 装夹

装夹是指工件在加工之前,将工件在机床或夹具中定位、夹紧的过程。在一个工序内,工件的加工可能只需要装夹一次,也可能需要装夹几次。

5. 工位

为了减少工件的装夹次数,常采用各种回转工作台、回转夹具或移位夹具,使工件在一次装夹中先后处于几个不同的位置进行加工。此时,工件在机床上占据的每一个加工位置称为工位。

如图1-4所示,采用多工位加工,可减少工件装夹次数,缩短辅助时间,提高生产效率。

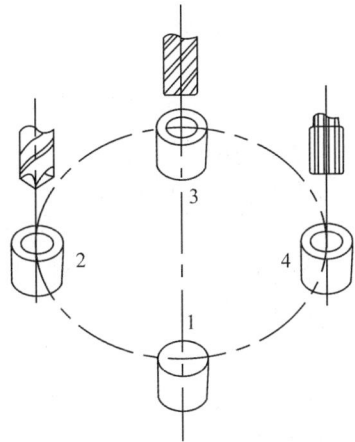

三、生产纲领和生产类型

1. 生产纲领

生产纲领是指企业在计划期内生产的产品产量和进度计划。计划期一般为一年。对于零件而言,生产纲领除了制造机器所需的数量外,还应包括一定数量的备品和废品。

图1-4 多工位

零件的生产纲领可按下式计算

$$N = Qn(1 + a)(1 + b) \qquad (1-1)$$

式中　N——零件的生产纲领,件/年;

　　　Q——产品的生产纲领,台/年;

n——每台产品中该零件的数量,件/台;

a——备品的百分率,%;

b——废品的百分率,%。

生产纲领的大小决定了产品(或零件)的生产类型,而各种生产类型下又有不同的工艺特征,制定工艺规程必须符合其相应的工艺特征。因此生产纲领是制定和修改工艺规程的重要依据。

2. 生产类型

生产类型是工厂或车间生产专业化程度的分类。

根据生产纲领的数量和产品(或零件)的大小,机械制造业的生产可分为三种类型:单件生产、成批生产和大量生产。生产类型和生产纲领的关系见表1-3。

表1-3 生产类型和生产纲领的关系

生产类型	零件的年生产纲领/件		
	重型零件(30 kg以上)	中型零件(4~30 kg)	轻型零件(4 kg以下)
单件生产	小于5	小于10	小于100
小批量生产	5~100	10~200	100~500
中批量生产	100~300	200~500	500~5 000
大批量生产	300~1 000	500~5 000	5 000~50 000
大量生产	大于1 000	大于5 000	大于5 000

(1)单件生产

生产的产品品种繁多且品种不固定,每种产品仅制造一个或几个,生产数量少,而且很少再重复生产。

例如:重型机械产品制造、新产品试制时的生产。

(2)成批生产

生产的产品品种较多,每种产品均有一定的数量,各种产品分期分批地进行生产。

例如:机床制造、机车制造和电机制造。

同一产品(或零件)每批投入生产的数量称为批量。

根据产品的特征和批量的大小,成批生产可分为小批量生产、中批量生产和大批量生产。

小批量生产工艺过程的特点和单件生产相似,大批量生产工艺过程的特点和大量生产相似,中批量生产的工艺特点则介于两者之间。

(3)大量生产

产品的产量大,品种少,大多数是在工作地长期重复地进行某一零件的某一工序的加工。

例如:汽车、拖拉机和自行车等的制造。

各种生产类型的工艺特点见表1-4。

表1-4 各种生产类型的工艺特点

项目	单件小批量生产	中批量生产	大量大批生产
加工对象	不固定,经常换	周期性的变换	固定不变
机床设备和布置	采用通用设备,按机群式布置	采用通用设备,按工艺路线成流水线布置或机群布置	广泛采用专用设备,全流水线布置,广泛采用自动线
夹具	非必要时不采用专用设备	广泛使用专用夹具	广泛使用高效能的专用夹具
刀具和量具	通用刀具和量具	广泛使用专用刀具、量具	广泛使用高效专用刀具、量具
毛坯	用木模手工制造,自由锻,精度低	金属模、模锻,精度中等	金属模机器造型、精密铸造、模锻,精度高
安装方法	广泛采用画线找正等方法	一部分采用画线找正,广泛使用夹具	不需要画线找正,一律采用夹具
尺寸获得方法	试切法	试切法,调整法	用调整法、自动化加工
零件互换性	广泛使用配刮	一般不用配刮	全部互换,可进行选配
工艺文件形式	过程卡	工序卡	操作卡及调整卡
操作工人平均技术水平	高	中等	低
生产率	低	中等	高
成本	高	中等	低

四、零件结构工艺性分析

零件结构工艺性是指所设计的零件在满足要求的前提下,制造的可行性和经济性。良好的工艺性是指在现有工艺条件下既能方便制造,又有较低的制造成本。对零件进行工艺分析的目的:一是形成对有关零件的全面深入的认识和工艺过程的初步轮廓,做到心中有数;二是从工艺的角度审视零件,扫除工艺上的障碍,为后续各项程序中确定工艺方案奠定基础。零件结构工艺性分析,包括零件尺寸和公差的标注、零件的组成要素和整体结构等方面的分析。

1. 分析零件图

应用场合和使用要求不同,形成了各种零件在结构特征上的差异。通过零件图了解零件的结构特点、尺寸大小与技术要求,必要时还应研究产品装配图以及查看产品质量验收标准,借以熟悉产品的用途、性能和工作条件,明确零件在产品(或部件)中的功用及各零件间的相互装配关系等。

(1)分析零件的结构

首先,分析组成零件各表面的几何形状及加工零件的过程,形成这些表面的过程,表面不同,其典型的工艺方法也不同;其次,分析组成零件的基本表面和特征表面的组合情况。

（2）分析零件的技术要求

零件的技术要求一般包括各加工表面的加工精度和表面质量，热处理要求，动平衡、去磁等其他技术要求。

分析零件的技术要求，应首先区分零件的主要表面和次要表面。零件的主要表面是指零件与其他零件相配合的表面或直接参与机器工作过程的表面，其余表面称为次要表面。分析零件的技术要求，还要结合零件在产品中的作用、装配关系、结构特点，审查技术要求是否合理。过高的技术要求，会使工艺过程复杂，加工困难，影响加工的生产率和经济性。如果发现不妥甚至遗漏或错误之处，应提出修改建议，与设计人员协商解决；如果要求合理，但现有生产条件难以实现，则应提出解决措施。

（3）分析零件的材料

零件机械加工工艺性实例见表1-5。材料不同，工作性能、工艺性能不同，会影响毛坯制造和机械加工工艺过程。

2. 分析零件的结构工艺性

切削加工对零件结构工艺性的要求如下：

①各要素的形状应尽量简单，面积应尽量小，规格应尽量标准和统一。

②能采用普通设备和标准刀具进行加工，且刀具易进入、退出和顺利通过加工表面。

③加工面与非加工面应明显分开，加工面之间也应明显分开。

表1-5　零件机械加工工艺性实例

序号	结构的工艺性不好	结构的工艺性好	说　明
1	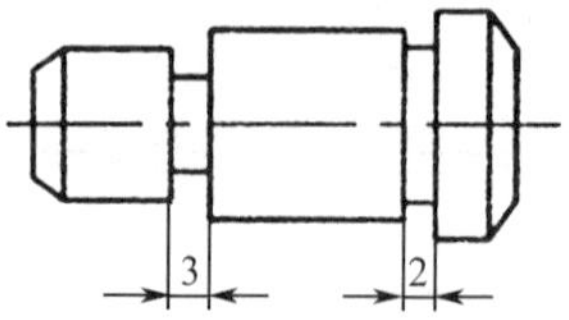	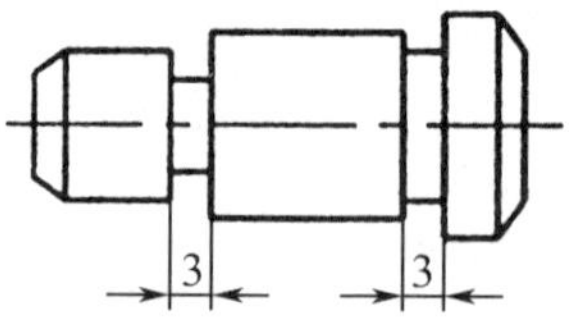	退刀槽尺寸相同，可减少刀具种类，减少换刀时间
2			三个凸台表面在同一平面上，可在一次进给中加工完成
3	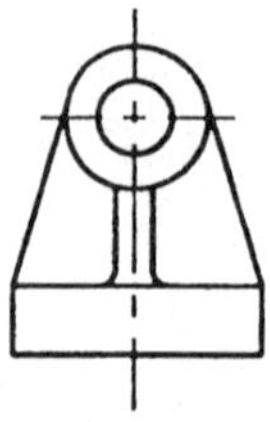	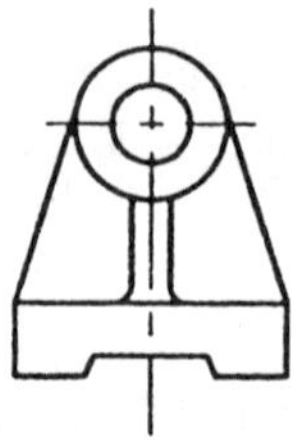	能保证良好接触
4	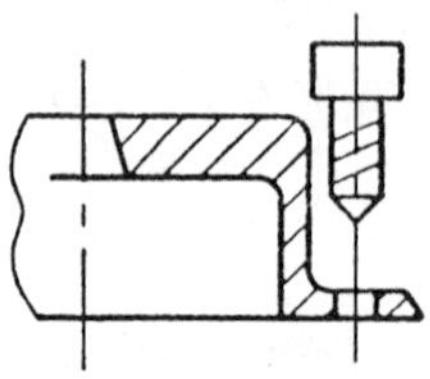	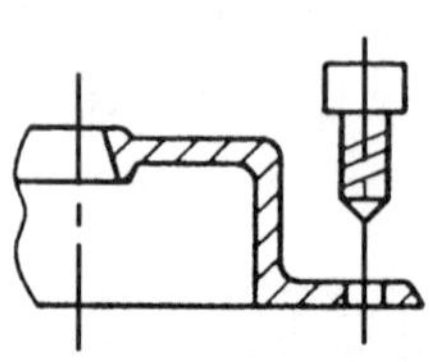	壁厚均匀，铸造时不容易产生缩孔和应力，小孔与壁距离适当，便于引进刀具

表 1-5（续）

序号	结构的工艺性不好	结构的工艺性好	说　明
5	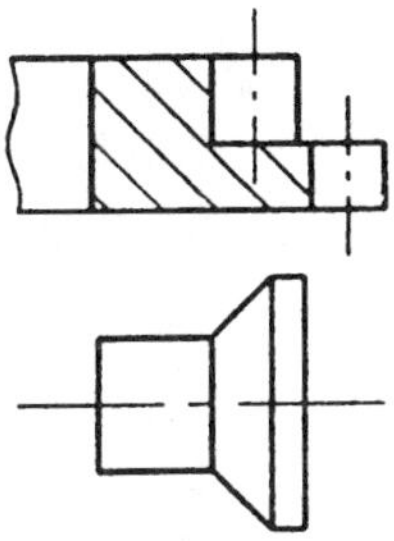	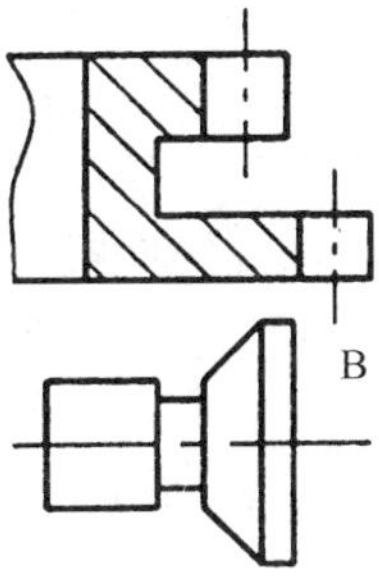	结构 B 由退刀槽保证了加工的可能性，减少刀具的磨损
6	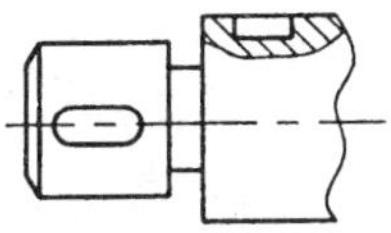	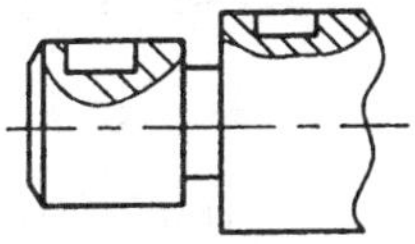	键槽的尺寸、方位相同，可在一次装夹中加工出全部键槽，提高生产率
7	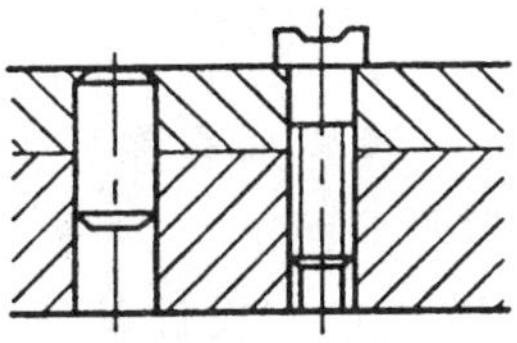	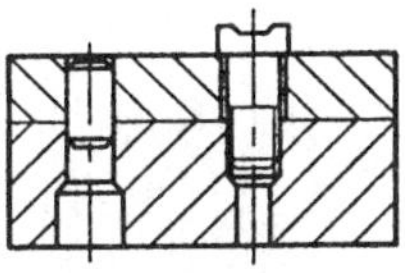	销孔太深，增加铰孔工作量。螺钉太长，没有必要
8	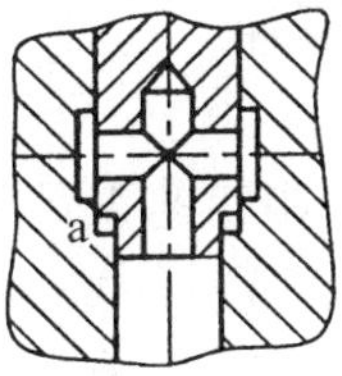	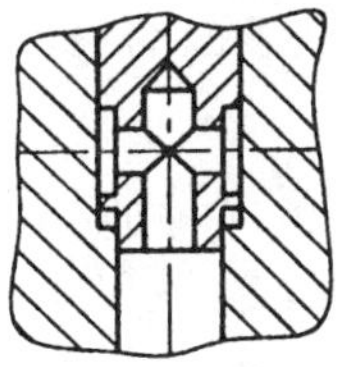	在左图结构中，槽 a 不便于加工和测量，宜将凹槽 a 改成右图的形式

五、基准的定义和分类

1. 基准的定义

确定加工对象上几何要素间几何关系（点、线、面位置）所依据的那些点、线、面称为基准。

2. 基准的分类

（1）设计基准

在设计图样上所采用的基准称为设计基准。如图 1-5 所示，外圆和内孔的设计基准是它们的轴心线；端面 B、C 的设计基准是端面 A；φ25h6 外圆径向圆跳动的设计基准是内孔 D 的轴心线。

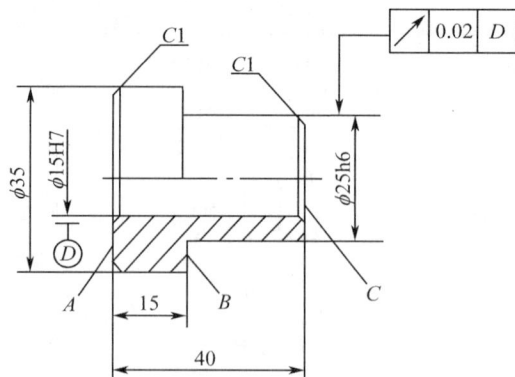

图 1 - 5 轴套

（2）工艺基准

在工艺过程中所采用的基准称为工艺基准。按其用途不同又可分为工序基准、定位基准、测量基准、装配基准。

①工序基准：

在工序图上，用来确定本工序所加工表面加工后的尺寸、位置的基准称为工序基准。工序基准可以采用工件上的实际点、线、面，也可以是工件表面的几何中心、对称面或对称线等。如图 1 -6(a)所示，设计图上零件大端侧平面 A 位置尺寸 C 的设计基准为轴心线 O—O。在加工 A 面工序中，若按工序图 1 -6(b)标注，零件大端轴心线为工序基准。若按工序图 1 -6(c)标注，零件大端外圆柱表面的最低母线 B 为工序基准。

②定位基准：

在加工中用作定位的基准，称为定位基准。定位基准一般是由工艺人员选定的，它对于获得零件加工后的尺寸和位置精度，起着重要作用。如图 1 -6(b)、(c)所示，加工 A 面工序中，工件以大端外圆柱表面在 V 形块上定位，则大端轴心线为定位基准，大端外圆柱表面为定位基面。

③测量基准：

零件加工后，用来检测被加工的表面能依据的基准称为测量基准。图 1 -6(d)为用极限量规测量零件大端侧平面位置尺寸 C，母线 a—a 为测量基准。图 1 -6(e)为用卡尺测量，大圆柱面上距侧平面最远的圆柱母线为测量基准。

④装配基准：

机器装配时，用来确定零件或部件在产品中相对位置所采用的基准称为装配基准。如图 1 -5 所示，A 面和 B 面是在装配时所使用的装配基准。

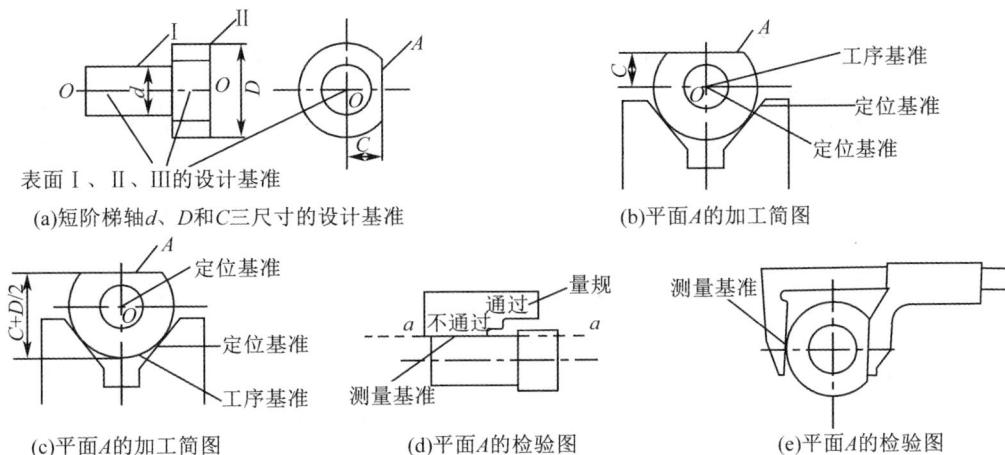

图 1-6 各种基准的实例

任务二 机械加工工艺规程的制定

一、机械加工工艺规程

机械加工工艺规程简称为工艺规程,是规定零件机械加工工艺过程和操作方法等的工艺文件。简单来说工艺规程就是加工某种零件的加工流程。机械加工工艺规程一般应包括下述内容:零件加工的工艺路线、各工序的具体加工内容、切削用量、工时定额、所采用的设备和工艺装备等。

1. 工艺规程的作用

(1)工艺规程是指导生产的主要技术文件

合理的工艺规程是依据工艺理论和必要的工艺试验而制定的。按科学的工艺进行生产,可以保证产品的质量和较高的生产效率和经济效益;不按照科学的工艺进行生产,往往会引起产品质量的严重下降,生产效率的显著降低,甚至使生产陷入混乱状态。工艺规程也不是固定不变的,工艺人员应注意总结工人的革新创造,及时地汲取国内外的先进工艺技术,对现行工艺不断地予以改进和完善,以便更好地指导生产。

(2)工艺规程是生产组织和管理工作的基本依据

在生产管理中,产品投产前原材料及毛坯的供应、通用工艺装备的准备、机床负荷的调整、专用工艺装备的设计和制造、作业计划的编排、劳动力的组织、生产成本的核算等都是以工艺规程作为基本依据的。

(3)工艺规程是新建或扩建工厂、车间的基本资料

在新建或扩建工厂、车间时,只有根据工艺规程和生产纲领才能正确地确定生产所需的机床和其他设备的种类、规格和数量、车间的面积、机床的布置、生产工人的工种、技术等级及数量,以及辅助部门的安排等。

2. 工艺文件种类

将工艺规程的内容填入一定格式的卡片,即成为生产准备和施工依据的工艺文件。目

前,工艺文件还没有统一的格式,各厂都是根据零件的复杂程度和生产类型自行确定。

(1)机械加工工艺过程卡片

如图1-7所示,机械加工工艺过程卡片主要列出了整个零件加工所经过的工艺路线(包括毛坯、机械加工和热处理等),它是制定其他工艺文件的基础,也是生产技术准备、编制作业计划和组织生产的依据。

工艺过程卡片也称为工艺过程综合卡片,在这种卡片中,由于各工序的说明不够具体,故一般不能直接指导工人操作,而多作为生产管理方面使用。

在单件小批量生产中,通常不编制其他较详细的工艺文件,而是以这种卡片指导生产。因此,这种卡片(尤其对比较复杂的重要零件)应编制得比较详细。

(2)机械加工工艺卡片

机械加工工艺卡片是以工序为单位详细说明整个工艺过程的工艺文件,如图1-8所示。它是用来指导工人生产和帮助车间干部及技术人员掌握整个零件加工过程的一种主要技术文件,广泛用于成批生产的零件和小批生产中的重要零件。

工艺卡片的内容包括零件的工艺特性(材料、加工表面及其精度和表面粗糙度等)、毛坯性质、各道工序的具体内容及加工要求等。

(单位)	机械加工工艺过程卡片		产品型号		零(部)件图号			共 页
			产品名称		零(部)件名称			第 页
材料牌号	毛坯种类	毛坯外形尺寸			每毛坯件数	每台件数		备注
工序号	工序名称	工序内容		车间	工段	设备	工艺装备	工时 准终 单件
					编制(日期)	审核(日期)	会签(日期)	
标记	处记	更改	签字	日期	标记	处记	更改	签字	日期

图1-7 机械加工工艺过程卡片

（单位）	机械加工工艺卡片		产品型号		零(部)件图号				共 页	
			产品名称		零(部)件名称				第 页	
材料牌号		毛坯种类	毛坯外形尺寸		每毛坯件数		每台件数		备注	
工序号	装卡	工卡	工序内容	同时加工零件数	切削用品				设备名称及编号	工艺装备名称及编号		技术等级	工时定额	
					背吃刀量/mm	切削速度/(m·min⁻¹)	每分钟转数或往复次数	进给量/(mm·r⁻¹)		夹具	刀具	量具		单件	准终
										编制(日期)	审核(日期)		会签(日期)		
标记	处记	更改	签字	日期	标记	处记	更改	签字	日期						

图 1-8 机械加工工艺卡片

（3）机械加工工序卡片

如图 1-9 所示，机械加工工序卡片是用来具体指导工人进行操作的一种工艺文件。它是根据工艺卡片为每个工序制定的，多用于大批大量生产的零件和成批生产中的重要零件。

工序卡片中详细记载了该工序加工所必需的工艺资料，如定位基准的选择、工件的装夹方法、工序尺寸及公差，以及机床、刀具、量具、切削用量的选择和工时定额的确定等。

3. 制定机械加工工艺规程的步骤

（1）根据生产纲领确定生产类型

制定工艺规程时，必须首先确定生产类型，才能使所制定的工艺规程与生产类型相适应，以取得良好的经济效果。当零件的产量较小时，可将那些工艺特征相似的零件归并成组来进行加工。

（2）分析研究产品图样

对零件进行工艺性分析，主要包括零件功用，零件的主要加工表面及技术要求，分析零件结构工艺性、装配工艺性，通过分析零件图及有关的装配图，明确该零件在部件或总成中的位置、功用和结构特点，了解零件技术条件制定的依据，找出其主要技术要求和技术关键，以便在制定工艺规程时采取措施予以保证。此外，应检查零件图上的视图、尺寸、表面粗糙度、表面形状和位置公差等是否标注齐全，以及各项技术要求是否合理，并审查零件结构工艺性。

<table>
<tr><td rowspan="2">(单位)</td><td rowspan="2" colspan="4">机械加工工序卡片</td><td>产品型号</td><td></td><td colspan="2">零(部)件图号</td><td colspan="2"></td><td colspan="2">共　页</td></tr>
<tr><td>产品名称</td><td></td><td colspan="2">零(部)件名称</td><td colspan="2"></td><td colspan="2">第　页</td></tr>
<tr><td>材料牌号</td><td></td><td>毛坯种类</td><td></td><td>毛坯外形尺寸</td><td colspan="2"></td><td>每毛坯件件数</td><td></td><td>每台件数</td><td></td><td>备注</td><td></td></tr>
</table>

<table>
<tr><td rowspan="12">(工序图)</td><td>车间</td><td>工序号</td><td>工序名称</td><td colspan="2">材料牌号</td></tr>
<tr><td></td><td></td><td></td><td colspan="2"></td></tr>
<tr><td>毛坯名称</td><td>毛坯外形尺寸</td><td>每坯件数</td><td colspan="2">每台件数</td></tr>
<tr><td></td><td></td><td></td><td colspan="2"></td></tr>
<tr><td>设备名称</td><td>设备编号</td><td></td><td colspan="2">同时加工件数</td></tr>
<tr><td></td><td></td><td></td><td colspan="2"></td></tr>
<tr><td colspan="2">夹具编号</td><td>夹具名称</td><td colspan="2">切削液</td></tr>
<tr><td colspan="2" rowspan="5"></td><td rowspan="5"></td><td colspan="2"></td></tr>
<tr><td colspan="2">工序工时</td></tr>
<tr><td>准终</td><td>单件</td></tr>
<tr><td></td><td></td></tr>
</table>

<table>
<tr><td rowspan="2">工步号</td><td rowspan="2">工步内容</td><td rowspan="2">工艺装备</td><td rowspan="2">主轴转速 $/(r\cdot min^{-1})$</td><td rowspan="2">切削速度 $/(m\cdot min^{-1})$</td><td rowspan="2">送给量 $/(mm\cdot r^{-1})$</td><td rowspan="2">切削深度 /mm</td><td rowspan="2">进给次数</td><td colspan="2">工时定额</td></tr>
<tr><td>机动</td><td>辅助</td></tr>
<tr><td></td><td></td><td></td><td></td><td></td><td></td><td></td><td></td><td></td><td></td></tr>
</table>

<table>
<tr><td></td><td></td><td></td><td></td><td></td><td></td><td></td><td></td><td></td><td></td><td rowspan="2">编制(日期)</td><td rowspan="2">审核(日期)</td><td rowspan="2">会签(日期)</td><td rowspan="2"></td></tr>
<tr><td></td><td></td><td></td><td></td><td></td><td></td><td></td><td></td><td></td><td></td></tr>
<tr><td>标记</td><td>处记</td><td>更改</td><td>签字</td><td>日期</td><td>标记</td><td>处记</td><td>更改</td><td>签字</td><td>日期</td><td></td><td></td><td></td><td></td></tr>
</table>

图 1-9　机械加工工序卡片

（3）选择毛坯

选择毛坯主要是确定毛坯的类型、结构形状、制造方法等。毛坯选用是否合理，对零件的质量、材料消耗和加工工时都有很大的影响。显然，毛坯的尺寸和形状越接近成品零件，机械加工的劳动量就越少，但是毛坯的制造成本就越高。所以应根据生产纲领，综合考虑毛坯制造和机械加工的费用，以求得最好的经济效果。机械加工常用的毛坯有铸件、锻件和型材等。

选用毛坯时应考率下列因素：

①零件的材料及其力学性能。零件的材料大致确定了毛坯的种类，例如，铸件和青铜零件用铸造毛坯；钢质零件当形状不复杂而力学性能要求不高时常采用棒料，力学性能要求高时宜用锻件。

②零件的结构形状和尺寸。例如，阶梯轴零件各台阶直径相差不大时可用棒料，相差较大时宜用锻件；外形尺寸大的零件一般用自由锻锻件或砂型铸造毛坯，中小型零件可用模锻件或特种铸造毛坯。

③生产类型。大批量生产应采用精度和生产率都高的毛坯制造方法，铸件应采用金属模机器造型，锻件应采用模锻或精密锻造。单件小批量生产则应采用木模手工造型铸件或自由锻。

④毛坯车间的生产条件。必须结合现有生产条件来确定毛坯，也应考虑到毛坯车间的近期发展情况，以及是否可由专业化工厂提供毛坯。

⑤利用新工艺、新技术、新材料的可能性。例如，采用精密铸造、精锻、冷轧、冷挤压、粉末冶金、异型钢材及工程塑料等。

（4）拟定工艺路线

这是制定工艺规程的核心，其主要内容是：选择定位基准；确定各表面的加工方法及加工路线；划分加工阶段，合理安排加工顺序，即完成零件所有加工表面的加工路线，在拟定工艺路线时，常常需要提出几个方案进行分析对比，最后确定一个比较理想的方案。

（5）选择设备和工艺装备

选择机床的原则是：机床类别与工序加工方法相适应；机床规格与被加工零件的外形尺寸相适应；机床精度与工序要求的精度相适应；机床生产率与零件的生产类型相适应；机床选择与现有设备条件相适应。夹具的选择：单件小批量生产应选用通用夹具，也可采用组合夹具或成组夹具；大批量生产应设计专用夹具。刀具的选择：一般应尽可能选用标准刀具，必要时可选用高生产率的复合刀具或其他专用刀具。量具的选择：主要根据生产类型和所要求的检验精度来选择。单件小批量生产应尽量采用通用量具，大批量生产应采用各种极限量规和高效的检验夹具、检验仪器等。当需要设计专用的刀具、夹具、量具时，应提出设计任务书。

（6）确定工序加工余量、计算工序尺寸及公差（略）

（7）确定各主要工序的技术要求及检验方法（略）

（8）确定切削用量、工时定额（略）

（9）工艺方案的技术性、经济性分析（略）

（10）填写工艺文件（略）

二、拟定工艺路线

拟定工艺路线是指拟定零件加工所经过的有关部门和工序的先后顺序,是制定工艺规程的重要内容,其主要任务是依据零件加工要求、生产批量及生产条件等因素选择各加工表面的加工方法,确定各个表面的加工顺序及整个工艺过程的工序数目和工序内容。

1. 加工方法的确定

确定加工方法时,一般先根据表面的加工精度和表面粗糙度要求,选定最终加工方法,然后再确定从毛坯表面到最终成形表面的加工路线,即确定加工方案。由于获得同一精度和同一粗糙度的方案有多种,在具体选择时,还应考虑工件的结构形状和尺寸、工件材料的性质、生产类型、生产率和经济性、生产条件等。

①加工方法的经济精度和表面粗糙度与加工表面的技术要求相适应,加工方法与被加工材料的性质相适应。

②经淬火后的表面,一般应采用磨削加工,未淬硬精密零件的配合表面,可采用刮研加工;硬度低而韧性较大的金属,如铜、铝、镁铝合金等有色金属,为避免在磨削时砂轮嵌塞,一般不采用磨削加工,而采用高速精车、精镗、精铣等加工方法。

③加工方法与生产类型相适应对于较大的平面,铣削加工生产率较高,面窄长的工件宜用刨削加工;对于大量生产的低精度孔系,宜采用多轴钻削;对批量较大的曲面加工,可采用机械靠模加工、数控加工和特种加工等加工方法。

④加工方法与零件结构形状和尺寸大小相适应。零件的形状和尺寸影响加工方法的选择,如小孔一般用铰削加工,而较大的孔用镗削加工;箱体上的孔一般难以拉削面,可采用镗削或铰削加工;对于非圆的通孔,应优先考虑用拉削加工,批量较少时用插削加工;对于难磨的小孔,则可采用研磨加工。

⑤加工方法与本厂条件相适应。

外圆柱面加工方法、平面加工方法、孔加工方法见表1-6、表1-7、表1-8。

表1-6 外圆柱面加工方法

序号	加工方法	加工经济精度 (公差等级表示)	经济表面粗糙度 $Ra/\mu m$	适用范围
1	粗车	IT11 ~ IT13	12.5 ~ 50	适用于淬火钢以外的各种金属
2	粗车—半精车	IT8 ~ IT10	3.2 ~ 6.3	
3	粗车—半精车—精车	IT7 ~ IT8	0.8 ~ 1.6	
4	粗车—半精车—精车—滚压(或抛光)	IT7 ~ IT8	0.025 ~ 0.2	
5	粗车—半精车—磨削	IT7 ~ IT8	0.4 ~ 0.8	主要用于淬火钢,也可用于未淬火钢,但不宜加工非铁合金
6	粗车—半精车—粗磨—精磨	IT6 ~ IT7	0.1 ~ 0.4	
7	粗车—半精车—粗磨—精磨—超精加工(活轮式超精磨)	IT5	0.012 ~ 0.4 (或 $Rz\,0.1$)	

表 1 - 6（续）

序号	加工方法	加工经济精度（公差等级表示）	经济表面粗糙度 $Ra/\mu m$	适用范围
8	粗车—半精车—精车—精细车（金刚车）	IT6 ~ IT7	0.025 ~ 0.4	主要用于要求较高的非铁合金加工
9	粗车—半精车—粗磨—精磨—超精磨	IT5 以上	0.006 ~ 0.025	极高精度的外圆加工
10	粗车—半精车—粗磨—精磨—研磨	IT5 以上	0.006 ~ 0.1（或 $Rz\ 0.05$）	

表 1 - 7 平面加工方法

序号	加工方法	加工经济精度（公差等级表示）	经济表面粗糙度 $Ra/\mu m$	适用范围
1	粗车	IT11 ~ IT13	12.5 ~ 50	端面
2	粗车—半精车	IT8 ~ IT10	3.2 ~ 6.3	
3	粗车—半精车—精车	IT7 ~ IT8	0.8 ~ 1.6	
4	粗车—半精车—磨削	IT6 ~ IT8	0.2 ~ 0.8	
5	粗刨（或粗铣）	IT11 ~ 13	6.3 ~ 25	一般不淬硬平面（端铣表面粗糙度 Ra 值较小）
6	粗刨（或粗铣）—精刨（或精铣）	IT8 ~ IT10	1.6 ~ 6.3	
7	粗刨（或粗铣）—精刨（或精铣）—刮研	IT6 ~ 7	0.1 ~ 0.8	精度要求较高的不淬硬平面，批量较大时宜采用宽刃精刨方案
8	以宽刃精刨刀代替上述刮研	IT7	0.2 ~ 0.8	
9	粗刨（或粗铣）—精刨（或精铣）—磨削	IT7	0.2 ~ 0.8	精度要求高的淬硬平面或不淬硬平面
10	粗刨（或粗铣）—精刨（或精铣）—粗磨—精磨	IT6 ~ IT7	0.025 ~ 0.4	
11	粗铣—拉削	IT7 ~ IT9	0.2 ~ 0.8	大量生产，较小的平面（精度视拉刀精度而定）
12	粗铣—精铣—磨削—刮研	IT5 以上	0.006 ~ 0.1（或 $Rz\ 0.05$）	高精度平面

表 1 - 8　孔加工方法

序号	加工方法	加工经济精度（公差等级表示）	经济表面粗糙度值 $Ra/\mu m$	适用范围
1	钻	IT11 ~ IT13	12.5 ~ 50	加工未淬火钢及铸铁的实心毛坯，也可用于加工非铁合金。孔径小于15 ~ 20 mm
2	钻—扩	IT8 ~ IT10	1.6 ~ 6.3	
3	钻—粗铰—精铰	IT7 ~ IT8	0.8 ~ 1.6	
4	钻—扩	IT10 ~ IT11	6.3 ~ 12.5	加工未淬火钢及铸铁的实心毛坯，也可用于加工非铁合金。孔径小于15 ~ 20 mm
5	钻—扩—铰	IT8 ~ IT9	1.6 ~ 3.2	
6	钻—扩—粗铰—精铰	IT7	0.8 ~ 1.6	
7	钻—扩—机铰—手铰	IT6 ~ IT7	0.2 ~ 0.4	
8	钻—扩—拉	IT7 ~ IT9	0.1 ~ 1.6	大批大量生产（精度由拉刀的精度而定）
9	粗镗（或扩孔）	IT11 ~ IT13	6.3 ~ 12.5	除淬火钢外各种材料，毛坯有铸出孔或锻出孔
10	粗镗（或扩孔）—半精镗（精扩）	IT9 ~ IT10	1.6 ~ 3.2	
11	粗镗（或扩孔）—半精镗（精扩）—精镗（铰）	IT7 ~ IT8	0.8 ~ 1.6	
12	粗镗（或扩孔）—半精镗（精扩）—精镗—浮动镗刀精镗	IT6 ~ IT7	0.4 ~ 0.8	

轴心线平行的孔的位置精度（经济精度）、轴心线相互垂直的孔的位置精度（经济精度）见表 1 - 9 和表 1 - 10。

表 1 - 9　轴心线平行的孔的位置精度（经济精度）　　　　　　　　　　　单位：mm

加工方法	工具的定位	两孔轴心线间的距离误差或从孔轴心线到平面的距离误差
立式或摇臂钻上镗孔	用钻模	0.1 ~ 0.2
	按画线	1.0 ~ 3.0
立钻或摇臂钻上镗孔	用镗模	0.05 ~ 0.08
车床上镗孔	按画线	1.0 ~ 2.0
	用带有滑座的尺	0.1 ~ 0.3
坐标镗床上镗孔	用光学仪器	0.004 ~ 0.015

表 1-9(续)

加工方法	工具的定位	两孔轴心线间的距离误差或从孔轴心线到平面的距离误差
金刚镗床上镗孔	—	0.008 ~ 0.02
多轴组合机床镗孔	用镗模	0.03 ~ 0.05
卧式镗床上镗孔	用镗模	0.05 ~ 0.08
	按定位样板	0.08 ~ 0.2
	按定位器的指数读数	0.04 ~ 0.06
	用块尺	0.05 ~ 0.1
	用内径或用塞尺	0.05 ~ 0.25
	用程序控制的坐标装置	0.04 ~ 0.05
	用游标卡尺	0.2 ~ 0.4
	按画线	0.4 ~ 0.6

表 1-10 轴心线相互垂直的孔的位置精度(经济精度) 单位:mm

加工方法	工具的定位	在 100 长度上轴心线的垂直度	轴心线的倾斜度
立式钻床上钻孔	用钻模	0.1	0.5
	按画线	0.5 ~ 1.0	0.2 ~ 2
铣床上镗孔	回转工作台	0.02 ~ 0.05	0.1 ~ 0.2
	回转分度头	0.05 ~ 0.1	0.3 ~ 0.5
多轴组合机床镗孔	用镗模	0.02 ~ 0.05	0.01 ~ 0.03
卧式镗床上镗孔	用镗模	0.04 ~ 0.2	0.02 ~ 0.06
	回转工作台	0.06 ~ 0.3	0.03 ~ 0.08
	按指示器调整零件回转	0.05 ~ 0.15	0.1 ~ 1.0
	按画线	0.5 ~ 1.0	0.5 ~ 2.0

2. 定位基准的选择

定位基准不仅影响工件的加工精度,而且同一个被加工表面所选用的定位基准不同,其工艺路线也可能不同,所以选择工件的定位基准是十分重要的。机械加工的最初工序只能用工件毛坯上未经加工的表面做定位基准,这种定位基准称为粗基准。用已经加工过的表面做定位基准称为精基准。在制定零件机械加工工艺规程时,总是先考虑选择怎样的精基准定位把工件加工出来,然后考虑选择什么样的粗基准定位,把用作精基准的表面加工出来。

(1)精基准的选择

选择精基准,主要应考虑如何减少定位误差,保证加工精度,使工件装夹方便、可靠。因此,选择精基准一般应遵循以下原则:

①基准重合原则

选择被加工表面的设计基准为定位基准，以避免因基准不重合引起基准不重合误差，从而保证加工精度。如图 1-10(a) 所示，孔及 M 面均已加工，用调整法铣 N 平面时，若以孔为定位基准(图 1-10(b))，则定位基准与设计基准重合，可直接保证尺寸 $h_2 \pm \frac{\Delta_2}{2}$。若以 M 面为定位基准时(图 1-10(c))，由于定位基准与设计基准不重合，直接保证的是尺寸 t。由图 1-10(a) 可以看出，h_2 的尺寸误差，不仅受 t 的尺寸误差影响，而且还受 h_1 的尺寸误差影响。误差 Δ_1 对 h_2 产生影响是设计基准(孔轴心线)与定位基准 M 不重合引起的。Δ_1 为基准不重合误差。

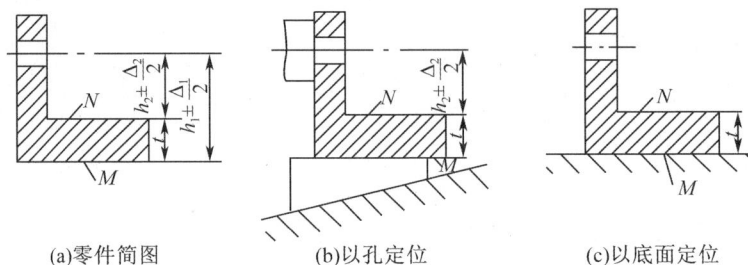

(a)零件简图   (b)以孔定位   (c)以底面定位

图 1-10　基准重合与不重合实例

②基准统一原则。

采用同一基准加工工件的几个加工表面，不仅可以避免因基准变化而引起的定位误差，而且在一次装夹中能加工出较多的表面，既便于保证各个被加工表面件的位置精度，又有利于提高生产率。例如，图 1-11 所示轴类零件大多数工序都可以采用两端中心孔定位(即以轴心线为定位基准)，以保证各加工表面的尺寸精度和位置精度。如图 1-11 所示轴类零件以两中心孔定位加工，则各外圆表面符合基准统一原则。

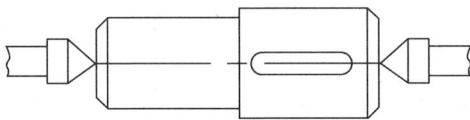

图 1-11　基准统一

③自为基准原则。

有些精加工或光整加工工序要求加工余量小而均匀，这时应尽可能用加工表面自身为精基准，而该表面与其他表面之间的位置精度应由先行工序予以保证。

如图 1-12 所示，最后磨削车床床身导轨面时，为了使加工余量小而均匀以提高导轨面的加工质量和生产率，常以导轨面本身作为精基准，用安置在磨头上的百分表和床身下面的可调支承将床身找正。又如采用浮动铰刀铰孔、圆拉刀拉孔，以及用无心磨床磨削外圆表面等，都是以加工表面本身作为定位基准。

④互为基准原则。

当两个被加工表面之间位置精度较高，要求加工余量小而均匀时，多以两表面互为基准进行加工。例如，加工精密齿轮时，用高频淬火把齿面淬硬后进行磨齿。因齿面淬硬层较薄,所以要求磨削余量小而均匀,磨削时先以齿面为基准磨内孔,然后再以内孔为基准磨齿面。

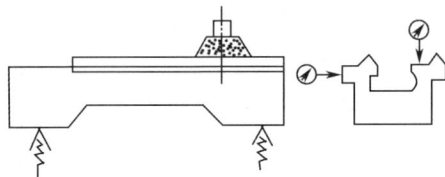

图 1 - 12　自为基准

上述基准选择原则,有它们各自的适应场合,在实际应用时一定要从整个工艺路线进行统一考虑,使先行工序为后续工序创造条件,使每个工序都有合适的定位基准和夹紧方式。

(2)粗基准的选择

选择粗基准主要应考虑如何保证各加工表面都有足够的加工余量,不加工的表面其尺寸、位置应符合图纸要求,一般应注意以下几个问题:

①对于有不加工表面的工件,为保证不加工表面与加工表面之间的相对位置要求,一般应选择不加工表面为粗基准。

例如图 1 - 13 所示的壳体零件,外圆柱表面 A 为不加工表面,为了保证镗孔后壁厚均匀,应选外圆柱表面 A 为粗基准。

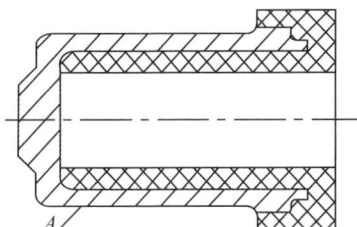

图 1 - 13　壳体加工

②如果零件上有几个不加工表面,则应以其中与加工表面相互位置精度较高的不加工表面作为粗基准。

③对于工件上的重要表面,为保证其加工余量均匀,则应选择该重要表面为粗基准。

例如车床本身的导轨面有均匀的金相组织和较高的耐磨性,应使其加工余量小而均匀。为此,应选择导轨面为粗基准,加工床腿底面,如图 1 - 14(a)所示,然后,再以底面为基准加工导轨面,如图 1 - 14(b)所示。

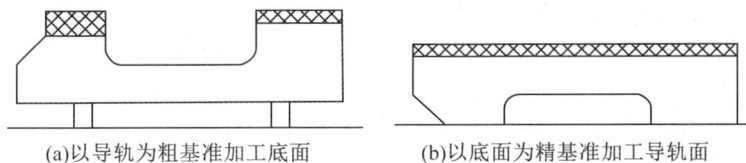

(a)以导轨为粗基准加工底面　　(b)以底面为精基准加工导轨面

图 1 - 14　床身加工的粗基准选择

④对于工件上有多个重要加工面均要求保证余量均匀时,则应选择加工余量最小的表面为粗基准。例如对于图 1-15 所示的阶梯轴,应选择加工余量较小的 $\phi 55$ mm 外圆表面作为粗基准。如果选 $\phi 108$ mm 的外圆表面为粗基准加工 $\phi 55$ mm 表面,当两个外圆表面的偏心为 3 mm 时,则加工后的 $\phi 50$ mm 的外圆表面,因一侧加工余量不足而出现部分毛面,使工件报废。

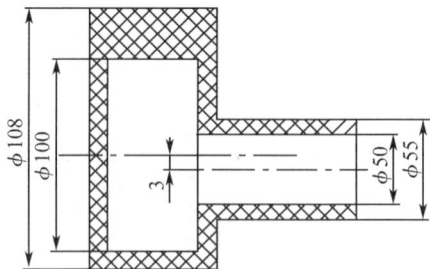

图 1-15　阶梯轴粗基准选择

⑤粗基准应避免重复使用,在同一尺寸方向上,通常只允许用一次。

⑥对选作粗基准的表面应尽可能平整,不能有飞边、浇口、冒口或其他缺陷,使工件定位稳定可靠、夹紧方便。

3. 工艺过程的划分

对于加工质量要求较高的零件,工艺过程应分阶段进行。机械加工工艺过程一般可划分以下几个阶段:

粗加工阶段:主要任务是切除各加工表面上的大部分加工余量,使毛坯的形状和尺寸尽量接近成品。在此阶段主要考虑如何提高劳动生产率。

半精加工阶段:为主要表面做好必要的精度和加工余量准备,并完成一些次要表面的加工。

精加工阶段:保证各主要表面达到规定的质量要求。

光整加工阶段:对于尺寸精度和表面粗糙度要求很高的表面,需要安排光整加工阶段,其主要任务是提高尺寸精度和降低表面的粗糙度值。

工艺过程划分加工阶段的原因:

(1)保证加工质量

工件粗加工时切除金属较多,产生较大的切削力和切削热,同时所需要的夹紧力也大,因而使工件产生的内应力和由此引起的变形也大,所以粗加工阶段不可能达到高的加工精度和较小的表面粗糙度。加工过程划分阶段后,粗加工造成的误差,可通过半精加工得到纠正,并逐渐提高零件的加工精度和降低表面粗糙度,保证零件加工质量要求。

(2)合理使用设备

由于工艺过程分段进行,粗加工阶段可采用功率大、刚度好、精度低、效率高的机床进行加工,以提高生产率。精加工阶段则可采用高精度机床以确保零件的精度要求。这样既充分发挥了各类机床的性能、特点,做到合理使用,也可延长高精度机床的使用寿命。

(3)便于热处理工序的安排,使热处理与切削加工工序配合更合理

机械加工工艺过程分阶段进行,便于在各加工阶段之间穿插安排必要的热处理工序,既可以充分发挥热处理的效果,也有利于切削加工和保证加工精度。例如,对一些精密零件,粗加工后安排去除内应力的时效处理,可减少内应力变形对精加工的影响;半精加工后安排淬火处理,不仅能满足零件的性能要求,也使零件的粗加工和半精加工更加容易,零件因淬火引起的变形又可以通过精加工予以消除。

(4)便于及时发现毛坯缺陷和保护已加工表面

粗、精加工分开后,毛坯的缺陷(如气孔、砂眼和加工余量不足等)在粗加工后即可及早

发现,及时决定修补或报废,以免对报废的零件继续进行精加工而浪费工时和制造费用。精加工表面安排在后面,还可保证其不受损伤。

应当指出,拟定工艺路线一般应遵循工艺过程划分加工阶段的原则,但是具体运用时要灵活,不能绝对化。例如,对一些毛坯质量高、加工余量小、加工精度要求较低而刚性又好的零件,可以不划分加工阶段。对于一些刚性好的重型零件,由于装夹吊运很费工时,也可不划分加工阶段,而在安装一次后完成表面的粗、精加工。

工艺路线划分加工阶段是对零件加工的整个工艺过程而言,不是以某一表面的加工或某一工序的加工而论。例如,有些定位基准面在半精加工阶段甚至粗加工阶段就需要加工得很精确,而某些钻小孔的粗加工工序,常常又安排在精加工阶段。

4. 工序集中程度的确定

在安排工序时,应考虑工序中所含加工内容的多少。在每道工序中所安排的加工内容多,则一个零件的加工只集中在少数几道工序内完成,工艺路线短、工序少,称为工序集中。在每道工序中所安排的加工内容少,则一个零件的加工分散在很多道工序内完成,工艺路线长、工序多,称为工序分散。

(1)工序集中的特点

①工序在一次安装后,可以加工多个表面,能较好地保证表面之间的相互位置;可以减少安装工件的次数和辅助时间,减少工件在机床之间的搬运次数。

②可以减少机床数量,并相应地减少操作工人,节省车间生产面积,简化生产计划和生产组织工作。

(2)工序分散的特点

①机床设备及工艺装备比较简单,调整方便,生产工人易于掌握。

②可以采用最合理的切削用量,减少机动时间。

③设备数量多,操作工人多,生产面积大。

在一般情况下,单件小批量生产多为工序集中,大批量生产则工序集中和分散二者兼有,需根据具体情况而定。

5. 加工顺序的安排

(1)机械加工工序的安排

在安排加工顺序时,应注意以下几点:

①先主后次:先将零件的主要表面和次要表面分开,然后着重考虑主要表面的加工顺序,次要表面可适当穿插在主要表面加工工序之间。

②先粗后精:先安排各表面的粗加工,中间安排半精加工,最后安排主要表面的精加工和光整加工。由于次要表面的精度要求不高,一般在粗、半精加工阶段即可完成,但对于那些同主要表面相对位置关系密切的表面,通常多置于主要表面精加工之后加工。

③基面先行:先加工基准表面,后加工其他表面。在零件加工的各阶段,应先把基准面加工出来,以便后续工序以它定位加工其他表面。

④先面后孔:先加工平面,后加工内孔。对于箱体零件,由于平面轮廓尺寸较大,用它定位稳定可靠,一般总是先加工出平面作为精基准,然后加工内孔。

⑤为避免工件的往返流动,加工顺序应考虑车间设备的布置情况,当设备呈机群式布置时,尽可能将同工种的工序相继安排。

（2）热处理工序的安排

其作用是消除残留应力和改善金属的切削加工性。图1-16为热处理流程图,按照热处理不同的目的,热处理工艺可分为两大类:预备热处理和最终热处理。

①预备热处理。预备热处理的目的是改善加工性能、消除内应力和为最终热处理准备良好的金相组织。其热处理工艺包括退火、正火、时效、调质等。退火和正火用于经过热处理加工的毛坯。对于碳的质量分数高于0.5%的碳钢和合金钢,为降低其硬度,使其易于切削,常采用退火处理;对于碳的质量分数低于0.5%的碳钢和合金钢,为避免其硬度过低,切削时粘刀,而采用正火处理,正火还能细化晶粒、均匀组织,为以后的热处理做准备。退火和正火常安排在毛坯制作之后、粗加工之前进行。时效处理主要用于消除毛坯制造和机械加工中产生的内应力。为减少运输工作量,对于一般精度的零件,在精加工前安排一次时效处理即可。但对精度要求较高的零件,应安排两次或数次时效处理工序,对简单零件一般可以不安排时效处理。除铸件外,对于一些刚性较差的精密零件,为消除加工中产生的内应力,稳定零件加工精度,常在粗加工、半精加工之间安排多次时效处理,对有些轴类零件在校直工序后也要安排时效处理。调质就是在淬火后进行高温回火处理,它能获得均匀细致的回火索氏体组织,为以后的表面淬火和渗氮处理时减少变形做准备,因此调质可作为预备热处理。由于调质后零件的综合力学性能较好,对某些硬度和耐磨性要求不高的零件,也可作为最终热处理工序。

②最终热处理。最终热处理的目的是提高硬度、耐磨性和强度等力学性能。其热处理工艺包括淬火、渗碳淬火、渗氮处理等。淬火分为表面淬火和整体淬火。其中表面淬火因为变形、氧化及脱碳较小而应用较广,而且表面淬火还具有外部强度高、耐磨性好,而内部保持良好的韧性、抗冲击力强的优点。为提高表面淬火零件的力学性能,常需进行调质或正火等热处理作为预备热处理。其一般工艺路线为:下料—锻造—正火—粗加工—调质—半精加工—淬火—精加工。

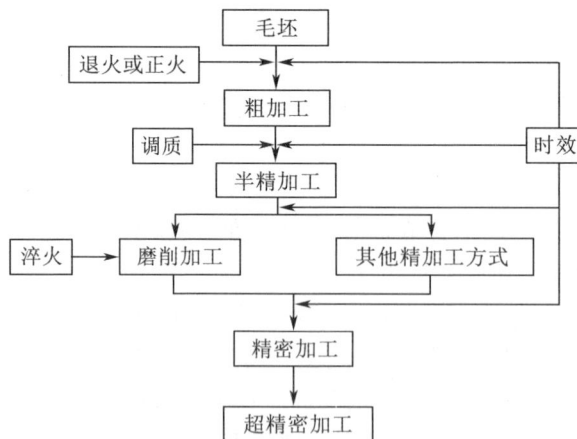

图1-16 热处理流程图

渗碳淬火适用于低碳钢和低合金钢,该工艺方法先提高零件表面层的含碳量,然后淬火使零件表面获得高的硬度,而心部仍保持一定的强度和较高的韧性和塑性。渗碳分整体渗碳和局部渗碳。局部渗碳时对不渗碳部分要采取防渗措施(镀铜或镀防渗材料)。由于渗碳淬火变形大,其渗碳深度一般为0.5~2 mm。其工艺路线一般为:下料—锻造—正火—

粗、半精加工—渗碳淬火—精加工。当局部渗碳零件的不渗碳部分,采用加大加工余量后切除多余的渗碳层时,切除多余渗碳层的工序应安排在渗碳后、淬火前。

渗氮处理是使氮原子深入金属表面获得一层含氮化合物的处理方法。渗氮层可以提高零件表面的硬度、耐磨性、疲劳强度和耐蚀性。由于渗氮处理温度较低、变形小且渗氮层较薄(一般不超过 0.6 ~ 0.7 mm),渗氮工序应尽量靠后安排。为减少渗氮时的变形,在切削后一般需要进行消除应力的高温回火。

(3)辅助工序的安排

辅助工序主要包括检验、去毛刺、清洗、涂防锈油等。其中检验工序是主要的辅助工序。为了保证产品质量、及时去除废品、防止浪费工时,并使责任分明,检验工序应安排在:

①零件粗加工或半精加工结束之后,精加工前;

②重要工序加工前后;

③零件送外车间(如热处理)加工之前;

④零件全部加工结束之后。

除了安排几何尺寸检验工序之外,有的零件还要安排探伤、密封、称重、平衡等检验。

任务三　毛坯类型和余量确定

一、毛坯的类型选择

在制定工艺规程时,正确地选择毛坯对于加工便捷性、加工成本、加工效率有重大意义。

1. 工艺性原则

零件的使用要求决定了毛坯的形状特点,各种使用要求和形状特点,形成了相应的毛坯成形工艺要求。零件的使用要求具体体现在对其形状、尺寸、加工精度、表面粗糙度等外部质量,以及对其化学成分、金属组织、力学性能、物理性能和化学性能等内部质量的要求上。对于不同零件的使用要求,必须考虑零件材料的工艺特性(如铸造性能、锻造性能、焊接性能等)来确定采用何种毛坯成形方法。例如,不能采用锻压成形的方法和避免采用焊接成形的方法来制造灰铸铁零件;避免采用铸造成形方法制造流动性较差的薄壁毛坯;不能采用普通压力铸造的方法成形致密度要求较高或铸后需热处理的毛坯;不能采用锤上模锻的方法锻造铜合金等再结晶速度较低的材料;不能用埋弧焊焊接仰焊位置的焊缝;不能采用电阻焊方法焊接铜合金构件;不能采用电渣焊焊接薄壁构件,等等。选择毛坯成形方法的同时,也要兼顾后续机械加工的可加工性。如对于切削加工余量较大的毛坯就不能采用普通压力铸造成形,否则将曝露铸件表皮下的孔洞;对于需要切削加工的毛坯尽量避免采用高牌号珠光体球墨铸铁和薄壁灰铸铁,否则难以切削加工。一些结构复杂,难以采用单种方法成形的毛坯,既要考虑各种成形方案结合的可能性,也要考虑这些结合是否会影响机械加工的可加工性。

2. 适应性原则

选择毛坯时要根据零件的结构形状、外形尺寸和工作条件要求来合理选择毛坯。

例如,对于阶梯轴类零件,当各台阶直径相差不大时,可用棒料;若相差较大时,则宜采用锻造毛坯。形状复杂和薄壁的毛坯,一般不应采用金属型铸造;尺寸较大的毛坯,通常不采用模锻、压力铸造和熔模铸造,多数采用自由锻、砂型铸造和焊接等方法制坯。

零件的工作条件不同,选择的毛坯类型也不同。如机床主轴和手柄都是轴类零件,但主轴是机床的关键零件,尺寸形状和加工精度要求很高,受力复杂且在其使用过程中只允许发生很微小的变形,因此要选用具有良好综合力学性能的45钢或40Cr,经锻造制坯及严格切削加工和热处理制成;而机床手柄则采用低碳钢圆棒料或普通灰铸铁件为毛坯,经简单的切削加工即可完成,不需要热处理。再如内燃机曲轴在工作过程中承受很大的拉伸应力、弯曲应力和扭转应力,应具有良好的综合力学性能,故高速大功率内燃机曲轴一般采用强度和韧性较好的合金结构钢锻造成形,功率较小时可采用球墨铸铁铸造成形或用中碳钢锻造成形。对于受力不大且为圆形曲面的直轴,可采用圆钢下料直接切削加工成形。

3. 生产条件兼顾原则

毛坯的成形方案要根据现场生产条件选择。现场生产条件主要包括现场毛坯制造的实际工艺水平、设备状况及外协的可能性和经济性,同时也要考虑因生产发展而采用较先进的毛坯制造方法。为此,毛坯选择时,应分析本企业现有的生产条件,如设备能力和员工技术水平,尽量利用现有生产条件完成毛坯制造任务。若现有生产条件难以满足要求时,则应考虑改变零件材料和(或)毛坯成形方法,也可通过外协加工或外购解决。常用材料见表1-11。

表1-11 常用材料表

毛坯种类	成形方法	对原材料工艺性能要求	适用材料	适宜形状	优点	缺点	应用
铸件	液态成形	流动性好,收缩率小	铸铁、铸钢、有色金属	形状不限,可相当复杂	不受金属种类、零件尺寸、形状和质量的限制,适应性广;毛坯与零件形状相近,切削加工量少,材料利用率高,成本低,砂型铸造生产周期短	铸件组织粗大,力学性能差,砂型铸造生产率低,铸件精度低,表面质量差	灰铸铁件用于受力不大或以承压为主的零件,以及要求减振、耐磨的零件;球墨铸铁件用于受力较大的零件;铸钢件用于承受重载而形状复杂的大、中型零件
锻件	固态塑性变形成形	塑性好、变形抗力小	中碳钢及合金结构钢	自由锻件简单、模锻件可较复杂	锻件组织致密,晶粒细小,力学性能好,使流线沿零件外形轮廓连续分布,可提高锻件使用性能和寿命	材料利用率低,生产成本高,自由锻件精度低,表面较粗糙,模锻件精度中等,表面质量较好,生产周期长	承受重载荷、动载荷及复杂载荷的重要零件,如主轴、传动轴、齿轮、曲轴等

表1-11(续)

毛坯种类	成形方法	对原材料工艺性能要求	适用材料	适宜形状	优点	缺点	应用
型材	用轧制、拉拔、挤压等方法,使固态金属通过塑性变形成形	—	碳钢、合金钢、有色金属	简单,一般为圆形或平面	根据零件选择合适的型材毛坯,可减少加工工时,材料利用率高;组织致密,力学性能好	零件的表面质量取决于切削方法;对性能要求高的零件,若纤维流线不合乎要求时,需改用锻件	中、小型简单零件
冲压件	经冷塑性变形成形	塑性好,变形抗力小	低碳钢和有色金属薄板	可较复杂	组织细密,利用冷变形强化,可提高强度和硬度,结构刚性好;冲压件结构轻巧,精度高、表面质量好,材料利用率较高,成本低	冲模的制造成本高,生产周期长;取料时注意流线的合理分布	低碳钢、有色金属薄板成形的零件,适用于大批、大量生产
焊接件	利用金属的熔化或原子扩散作用,形成永久性的连接	强度高,塑性好,液态下化学稳定性好	低碳钢和低合金结构钢	形状不受限制	材料利用率高,生产准备周期短;接头力学性能可达到或接近母材	精度较低,结构处表面粗糙;生产率不高	主要用于低碳钢、低合金高强度结构钢、不锈钢及铝合金的各种金属结构件、组合件及修补旧零件
粉末冶金件	通过制粉、压制、烧结等工序生产材料和零件	—	—	大小和形状受限制	无切削加工、能生产有特殊性能的材料和制品	粉末成本高,模具费用高,制品的强度和韧性差	大批生产含油轴承、高熔点材料、硬质合金和铁基合金件等

二、加工余量的确定

零件加工工艺路线拟定之后,就要确定每道工序的加工余量、工序尺寸和公差。合理地设置加工余量可以提高下一道工序的加工效率,减少加工时间,提高生产率。

1. 加工余量

加工余量是指加工过程中从加工表面切去的金属层厚度。加工余量可分为工序(工步)加工余量和总加工余量。

(1)工序(工步)加工余量

指某一表面在一道工序(工步)中所切除的金属层厚度,它取决于同一表面相邻工序(工步)的尺寸之差。

若以 Z 表示加工余量,对于如图 1-17 所示的加工表面,则有:

$$Z = a - b$$
$$Z = b - a$$

式中 a——前工序的工序尺寸;

b——本工序的工序尺寸。

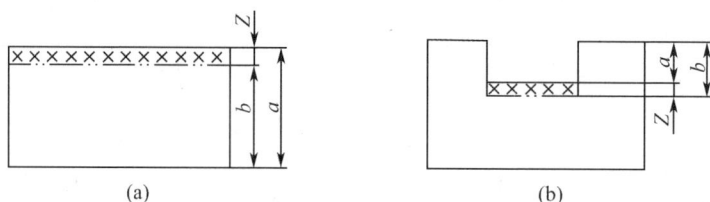

图 1-17   非对称单边加工余量

图 1-17 所示加工余量为不对称的单边加工余量。对于对称表面或回转体表面,其加工余量是对称分布的,是双边余量,如图 1-18 所示。

对于轴 $2Z = d_a - d_b$

对于孔 $2Z = D_b - D_a$

式中 $2Z$——直径上的加工余量;

d_a、D_a——前工序的加工表面的直径;

d_b、D_b——本工序的加工表面的直径。

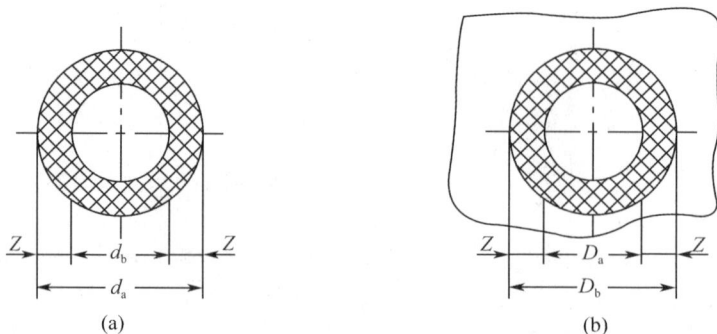

图 1-18   对称的双边加工余量

(2)总加工余量

指零件从毛坯变为成品的整个加工过程中某一表面所切除金属层的总厚度,即零件毛坯尺寸与零件图上设计尺寸之差。总加工余量等于各工序加工余量之和,即

$$Z_{总} = \sum_{i=1}^{n} Z_i$$

式中　$Z_{总}$——总加工余量;

　　　Z_i——第 i 道工序加工余量;

　　　n——该表面的工序数。

加工总余量是变动值,其值及公差一般可从有关手册中查找或根据经验确定。

2. 影响加工余量大小的因素

加工余量的大小对于零件的加工质量、生产率和生产成本均有较大的影响。加工余量过大,不仅增加机械加工的劳动量,降低了生产率,而且增加材料、工具和电力等的消耗,加工成本增高。但是加工余量过小,又不能保证消除前工序的各种误差和表面缺陷,甚至会产生废品。因此,应当合理地确定加工余量。

为了合理确定加工余量,必须了解影响加工余量的各项因素。影响加工余量的因素有以下几个方面:

(1)前工序的表面加工质量

本工序应切去前工序所形成的表面粗糙层,还必须把毛坯铸造冷硬层、锻造氧化层、脱碳层、切削加工残余应力层、表面裂纹、组织过度塑性变形或其他破坏层等全部切除,对于需要热处理的工件,当热处理后变形较大时,加工余量应适当增加,淬火件的磨削余量一般比不淬火的大。

(2)前工序的工序尺寸公差

由于前工序加工后,表面存在尺寸误差和形位误差,而这些误差一般包括在工序尺寸公差中,所以为了使加工后工件表面不残留前工序这些误差,本工序加工余量值应比前工序的尺寸公差值大。

(3)前工序的形位误差

形位误差是指不由尺寸公差所控制的误差。当形位误差和尺寸公差之间的关系是独立原则或最大实体原则时,尺寸公差不控制形位误差。为了能消除前道工序加工后产生的形位误差,本工序的加工余量值应比前工序的形位误差值大。

(4)本工序的装夹误差

装夹误差包括工件的定位误差和夹紧误差,若用夹具装夹时还应考虑夹具本身的误差。这些误差会使工件在加工时的位置发生偏移,所以加工余量还必须考虑这些误差的影响。例如,用三爪自定心卡盘夹持工件外圆磨削内孔时,由于三爪自定心卡盘定心不准,使工件轴心线偏离主轴旋转轴线 e 值,造成孔的磨削余量不均匀。为了确保前工序各项误差和缺陷的切除,孔的直径余量应增加 $2e$。

三、加工余量的确定方法

加工余量用下列三种方法确定。

1. 查表法

依据《机械加工工艺手册》查询相关加工余量,并结合本单位实际生产条件对数值进行修正。

2. 经验估算法

根据工艺人员本身积累的经验确定加工余量,一般为防止产生废品,估算法留的余量较大,适合单件小批量生产。

3. 分析计算法

分析计算法这是通过对影响加工余量的各种因素进行分析,然后根据一定的计算关系式来计算加工余量的方法。此法确定的加工余量比较合理,但需要全面可靠的实验资料,且计算较复杂,一般在大批大量生产中或者贵重材料加工中采用。

四、工序尺寸及其公差确定

工序尺寸是加工过程中各个工序应保证的加工尺寸,其公差即为工序尺寸公差。正确地确定工序尺寸及其公差,是制定工艺规程的重要工作之一。

工序尺寸及其公差的确定与工序加工余量的大小、工序尺寸标注、定位基准的选择有着密切的联系。下面讨论几种常见的工序尺寸确定的方法。

1. 工艺基准与设计基准重合时的工序尺寸及其公差的确定

加工某一表面的各道工序采用同一定位基准、测量基准,且与设计基准重合,这时,只考虑各道工序的加工余量和所采用加工方法的经济加工精度,即可计算出各个工序尺寸及其公差。如零件上外圆和内孔的多工序加工都属于这种情况。

确定工序尺寸及其公差的方法:首先根据《机械加工工艺手册》或有关资料查取各工序的基本余量,再从工件上的设计尺寸开始,由最后一道工序向前推算,直至毛坯尺寸。工序尺寸公差可以从有关手册中查得或按所采用的加工方法的经济加工精度确定,并按"入体原则"确定上、下偏差。

例 1.1 某法兰盘件上有一个孔,孔径 $\phi60 + 0.030$ mm,表面粗糙度 Ra 0.8 μm,需淬硬。加工工序为:粗镗—半精镗—热处理—磨削。试用查表修正法确定孔的毛坯尺寸、各工序的工序尺寸及其公差。

解:①根据《机械加工工艺手册》或工厂资料确定各工序的基本余量,具体见表 1-12 中第二列。其中毛坯总余量应等于各加工工序基本余量之和,如果从毛坯余量表中查得毛坯总余量与各工序余量之和不等应取其大值,差值在毛坯总余量或粗加工工序余量中修正。

②按各加工方法的经济加工精度和经济表面粗糙度确定各工序公差和表面粗糙度,具体数值见表 1-12 中第三列和第六列。

③由后工序向前工序逐个推算工序尺寸,各工序尺寸具体数值见表 1-12 中第四列。

④按"入体原则"确定各工序的上、下偏差,见表 1-12 第五列。

⑤毛坯的公差可根据毛坯的制造方法和工厂具体条件,参照有关毛坯的手册资料确定。

⑥验算磨削工序余量:

磨削最大余量 =(60.03 - 59.6) mm =0.43 mm

磨削最小余量 =(60 - 59.674) mm =0.326 mm

验算结果表明,磨削余量是合适的。

表 1 - 12 各工序的工序尺寸及其公差计算实例

工序名称	工序基本余量 /mm	工序经济加工精度 /mm	工序尺寸 /mm	工序尺寸及其公差 /mm	表面粗糙度 /μm
磨 削	0.4	IT7(0.03)	$\phi 60$	$\phi 60_0^{+0.03}$	$Ra \leqslant 0.8$
半精镗	1.6	IT9(0.074)	$\phi 59.6$	$\phi 59.6_0^{+0.074}$	$Ra \leqslant 3.2$
粗 镗	7	IT12(0.3)	$\phi 58$	$\phi 58_0^{+0.3}$	$Ra \leqslant 50$
毛 坯	9	4	$\phi 51$	$\phi 51 \pm 2$	

2. 工艺尺寸链及其计算公式

制定工艺规程时,在工艺规程或工艺附图中所给出的尺寸称为工艺尺寸。它可以是零件的设计尺寸;有时,根据加工的需要,也可以是零件图上没有而检验时需要的测量尺寸或工艺过程中的工序尺寸等。当工艺基准与设计基准不重合时,运用工艺尺寸链理论揭示这些尺寸间的联系,是合理确定工序尺寸及其公差的基础,这已成为制定工艺规程时确定工艺尺寸的重要手段。

(1)工艺尺寸链的概念

如图 1 - 19(a)所示,平面 1、2 已加工,现要加工平面 3。平面 3 的位置尺寸 A_Σ 的设计基准为平面 2。为使夹具结构简单和工件定位时稳定可靠,若选平面 1 为定位基准,这样,就出现了定位基准与设计基准不重合的情况。当采用调整法加工时,工艺人员需要在工序图(1 - 19(b))上标注工序尺寸 A_2,供对刀和检验用。通过直接控制工序尺寸,间接保证零件设计尺寸 A_Σ。尺寸 A_1、A_2、A_Σ 首尾相连构成一封闭的尺寸组。在机械制造中称这种互相联系且按一定顺序排列的封闭尺寸组为尺寸链。在加工过程中有关工艺尺寸组成的尺寸链称为工艺尺寸链。如图 1 - 19(c)所示,尺寸链的主要特征是封闭性,即组成尺寸链的有关尺寸按一定顺序首尾相连构成封闭图形,没有开口。

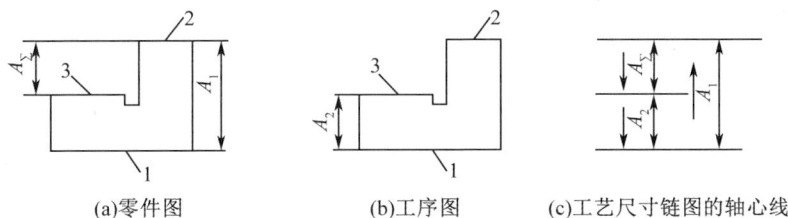

(a)零件图　　　　　(b)工序图　　　　　(c)工艺尺寸链图的轴心线

图 1 - 19 零件加工中的尺寸联系

(2)工艺尺寸链的组成

组成工艺尺寸链的每一个尺寸称为工艺尺寸链的环。如图 1 - 19(c)所示尺寸链为三环尺寸链。在加工过程中直接得到的尺寸称为组成环,用 A_i 表示,如图中的 A_1、A_2。在加工过程中间接得到的尺寸称为封闭环,用 A_Σ 表示。

由于工艺尺寸链具有封闭的特征,故尺寸链中组成环的变化,必然引起封闭环的尺寸变化。在组成环中,那些自身增大会使封闭环也随之增大的组成环叫增环,如图 1 - 18(c)中的 A_1。那些自身增大会使封闭环随之减小的组成环叫减环,如图 1 - 19(c)中的 A_2。

尺寸链中各组成环性质的确定可用箭头法表示:在尺寸链图上,先给封闭环任定一方向并画出箭头,然后沿此方向环绕尺寸链回路,依次给每一组成环画出箭头,凡箭头方向和封闭环相反为增环,相同则为减环(图 1-19(c))。

需着重指出,工艺尺寸链的构成,取决于工艺方案和具体的加工方法。正确确定工艺尺寸链的封闭环,是计算工艺尺寸链的关键一步。封闭环确定错了,尺寸链的计算就是错的。

(3)工艺尺寸链的计算

计算工艺尺寸链的目的是求出工艺尺寸链中某些环的基本尺寸及其上、下偏差。计算方法有极值法和概率法两种,本节只介绍用极值法计算尺寸链的方法。

①基本公式:用极值法计算工艺尺寸链,是以尺寸链中各环的最大极限尺寸和最小极限尺寸为基础进行计算的。

表 1-13 列出了计算工艺尺寸链所用的尺寸及公差(或偏差)符号。

其计算基本公式如下。

各环基本尺寸计算:

$$A_\Sigma = \sum_{i=1}^{m} \overrightarrow{A_i} - \sum_{i=m+1}^{n-1} \overleftarrow{A_i} \tag{1-1}$$

式中　n——包括封闭环在内的尺寸链总环数;

　　　m——增环的数目;

　　　$n-1$——组成环(包括增环与减环)的数目。

各环极限尺寸的计算:

$$A_{\Sigma max} = \sum_{i=1}^{m} \overrightarrow{A_{imax}} - \sum_{i=m+1}^{n-1} \overleftarrow{A_{imin}} \tag{1-2}$$

$$A_{\Sigma min} = \sum_{i=1}^{m} \overrightarrow{A_{imin}} - \sum_{i=m+1}^{n-1} \overleftarrow{A_{imax}} \tag{1-3}$$

各环上、下偏差计算:

$$ESA_\Sigma = \sum_{i=1}^{m} ES\overrightarrow{A_i} - \sum_{i=m+1}^{n-1} EI\overleftarrow{A_i} \tag{1-4}$$

$$EIA_\Sigma = \sum_{i=1}^{m} EI\overrightarrow{A_i} - \sum_{i=m+1}^{n-1} ES\overleftarrow{A_i} \tag{1-5}$$

各环公差的计算:

$$T_\Sigma = \sum_{i=1}^{n-1} T_i \tag{1-6}$$

各环平均尺寸的计算:

$$A_{\Sigma m} = \sum_{i=1}^{m} \overrightarrow{A_{im}} - \sum_{i=m+1}^{n-1} \overleftarrow{A_{im}} \tag{1-7}$$

式中各组成环平均尺寸按下式计算:

$$A_{im} = \frac{A_{imax} + A_{imin}}{2} \tag{1-8}$$

表 1-13 工艺尺寸链计算符号

名 称	符 号 名 称						
	基本尺寸	最大尺寸	最小尺寸	上偏差	下偏差	公差	平均尺寸
封闭环	A_Σ	$A_{\Sigma max}$	$A_{\Sigma min}$	ESA_Σ	EIA_Σ	T_Σ	$A_{\Sigma m}$
增 环	$\vec{A_i}$	$\vec{A_{imax}}$	$\vec{A_{imin}}$	$ES\vec{A_i}$	$EI\vec{A_i}$	$\vec{T_i}$	$\vec{A_{im}}$
减 环	$\overleftarrow{A_i}$	$\overleftarrow{A_{imax}}$	$\overleftarrow{A_{imin}}$	$ES\overleftarrow{A_i}$	$EI\overleftarrow{A_i}$	$\overleftarrow{T_i}$	$\overleftarrow{A_{im}}$

②尺寸链的计算形式

尺寸链计算有以下三种形式:

a. 正计算。已知各组成环的基本尺寸和公差(或偏差),求封闭环的基本尺寸和公差(或偏差)。正计算主要用于产品的校验或检验零件加工后能否满足图纸规定的精度要求。封闭环的计算结果是唯一的。

b. 反计算。已知封闭环的基本尺寸和公差(或偏差),计算各组成环的基本尺寸和公差(或偏差)。反计算主要用于产品设计、加工和装配工艺计算等方面。由于组成环有若干个,所以,反计算形式是将封闭环的公差值合理地分配给各组成环,以求得最佳分配方案。反计算的结果不是唯一的。反计算有等公差法和等精度法两种解法。

等公差法:按等公差的原则把封闭环的公差值分配给各组成环。根据式(1-9)可求出各组成环的平均公差 T_{im}。

$$T_{im} = \frac{T_\Sigma}{n-1} \qquad (1-9)$$

用这种方法计算尺寸链,计算比较简单,但未考虑各组成环的尺寸大小和加工难易程度,都给出相等的公差大小,这显然是不合理的。在实际应用中常将计算所得的 T_{im},按各组成环的尺寸大小和难易程度进行适当的调整,使各组成环的公差都能较容易地达到。但调整后的各环公差之和仍应满足式(1-9)。

等精度法:按各组成环公差等级相等的原则来分配各组成环的公差。它克服了等公差法的缺点,从工艺上讲较为合理,但计算较麻烦。

c. 中间计算。已知封闭环及部分组成环的基本尺寸和公差(或偏差),求算某一组成环的基本尺寸和公差(或偏差)。它用于设计与工艺计算、校验等方面。工艺尺寸链解算多属此种形式。在实际计算中,可能得到零公差或负公差(上偏差小于下偏差),即组成环公差之和等于或大于封闭环的公差。在机械加工中,零公差和负公差是不可能的,因此必须根据工艺可能性重新决定其他组成环的公差,即压缩组成环的制造公差,提高其加工精度。但调整后的各环公差之和仍应满足式(1-9)。

3. 工艺基准与设计基准不重合时的工序尺寸及其公差的确定

为简便起见,设工序基准与定位基准或测量基准重合(一般与生产实际相符)。此时,工艺基准与设计基准不重合,就变为定位基准或测量基准与设计基准不重合两种情况。

(1)定位基准与设计基准不重合时,工序尺寸及其公差的确定

例 1.2 如图 1-20(a)所示套筒零件,其加工顺序是:先加工两端面 A、B,保证尺寸 $50_0^{+0.1}$ mm;然后以表面 A 定位加工表面 C,要求保证尺寸 $40_0^{+0.2}$ mm。试求加工表面 C 时,工序尺寸 A 及其上、下偏差。

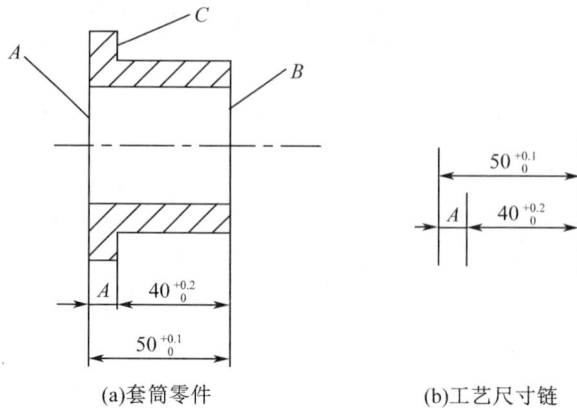

(a)套筒零件　　　　　　(b)工艺尺寸链

图 1 - 20　定位基准与设计基准不重合时的尺寸换算

解:从加工顺序可知这是一种定位基准与设计基准不重合的情况。以表面 A 定位加工表面 C、控制尺寸 A,间接保证尺寸 $40_0^{+0.2}$ mm。可见在工艺尺寸链中,尺寸 $40_0^{+0.2}$ mm 为封闭环(尺寸链如图 1 - 20(b)所示),$50_0^{+0.1}$ mm 为增环,A 为减环。

由式(1 - 1)得　　　　$40 = 50 - A$　　　　$\therefore A = 10$ mm

由式(1 - 4)得　　　　$0.2 = 0.1 - EIA$　　　　$\therefore EIA = -0.1$ mm

由式(1 - 5)得　　　　$0 = 0 - ESA$　　　　$\therefore ESA = 0$

根据 $T_\Sigma = \sum_{i=1}^{n-1} T_i$,校验得:$T_{40} = T_{50} + T_A$ 计算正确。由此可见,加工表面 C 时,只要控制工序尺寸 $A = 10_{-0.1}^{0}$ mm,即可保证尺寸 $40_0^{+0.2}$ mm。

(2)测量基准与设计基准不重合时,工序尺寸及其公差的确定

例 1.3　如图 1 - 21(a)所示轴承碗零件,其设计尺寸为 $10_{-0.25}^{0}$ mm、$50_{-0.1}^{0}$ mm。在加工内孔端面 C 时,尺寸 $50_{-0.1}^{0}$ mm 不便于测量,需另选测量基准。为此,应先以加工好的 B 面定位车端面 A,保证设计尺寸 $10_{-0.25}^{0}$ mm,然后车内孔及端面 C,以 A 面为测量基准,直接控制尺寸 A,间接保证设计尺寸 $50_{-0.1}^{0}$ mm。这样,尺寸 $10_{-0.25}^{0}$ mm、$50_{-0.1}^{0}$ mm 及 A 面组成工艺尺寸链,如图 1 - 21(b)所示。$50_{-0.1}^{0}$ mm 为封闭环,$10_{-0.25}^{0}$ mm 为减环,A 为增环。

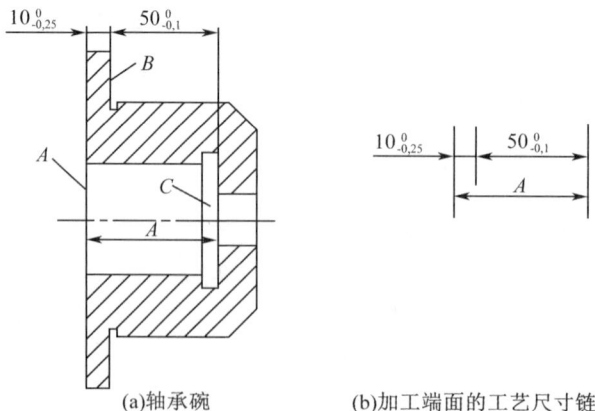

(a)轴承碗　　　　　　(b)加工端面的工艺尺寸链

图 1 - 21　轴承碗的工艺尺寸计算

在这一尺寸链中,由于封闭环公差(0.1)小于组成环 $10^0_{-0.25}$ mm 的公差,不能满足 $T_\Sigma = \sum\limits_{i=1}^{n-1} T_i$,显然无法正确求得组成环 A 的偏差。此时,应根据工艺实施的可能性,压缩组成环公差。

解:①按等公差法重新分配各组成环公差:

$$T_{im} = T_\Sigma/(n-1) = 0.1/2 = 0.05 \text{ mm}$$

②根据加工难易程度调整组成环公差大小:

由于车外端面 A 比车内端面 C 容易,也便于测量,取公差 $T_{10} = 0.036$ mm(IT9),经调整后车端面 A 的工序尺寸为 $10^0_{-0.036}$ mm。

③计算车端面 C 的工序尺寸及公差:

由式(1-1)得 $50 = A - 10$ $\therefore A = 60$ mm

由式(1-4)得 $0 = ESA - (-0.036)$ $\therefore ESA = -0.036$ mm

由式(1-5)得 $-0.1 = EIA - 0$ $\therefore EIA = -0.1$ mm

校核:

$$T_A = ESA - EIA = [-0.036 - (-0.1)] \text{ mm} = 0.064 \text{ mm}$$

$$T_{50} = T_{10} + T_A = (0.036 + 0.064) \text{ mm} = 0.1 \text{ mm}$$

故计算无误。所以只要测量尺寸为 $60^{-0.036}_{-0.1}$ mm 、 $10^0_{-0.036}$ mm 即可保证 $50^0_{-0.1}$ mm 。

必须指出,按换算后的工序尺寸间接保证原设计要求时,还存在一个"假废品"的问题。例如:当按图 1-21(b)的尺寸链所解算的尺寸 $A = 60^{-0.036}_{-0.1}$ mm 进行加工时,如某一零件加工后实际尺寸 $A = 60$ mm ,超过尺寸 $60^{-0.036}_{-0.1}$ mm 的上限,从工序上看,此件即应报废。但如将该零件表面 A 至表面 B 的实际尺寸再测量一下,为 10 mm,则封闭环为 50 mm,仍符合设计尺寸 $50^0_{-0.1}$ mm 的要求。这就是工序上报废而产品仍合格的所谓"假废品"问题。为了避免"假废品"的出现,对换算后工序尺寸超差的零件,应按设计尺寸再进行复量和换算,以免将实际尺寸合格的零件报废而造成浪费。

4. 尚需继续加工表面标注工序尺寸的计算

在零件加工中,有些加工表面的测量基面或定位基面是一些尚需继续加工的表面。当加工这些基面时,不仅要保证本工序对该加工基面的一些精度要求,而且同时还要保证原加工表面的要求,即一次加工后要同时保证两个尺寸的要求。此时需要进行工艺尺寸换算。

例1.4 如图 1-22(a)所示为齿轮内孔局部图。内孔尺寸为 $\phi 40^{+0.05}_0$ mm ,键槽尺寸深度为 $46^{+0.30}_0$ mm 。孔和键槽加工顺序是:镗孔至 $\phi 39.6^{+0.10}_0$ mm —插键槽至尺寸 A —热处理—磨孔至 $\phi 40^{+0.05}_0$ mm ,同时保证 $46^{+0.30}_0$ mm 。试求插键槽的工序尺寸及其公差。

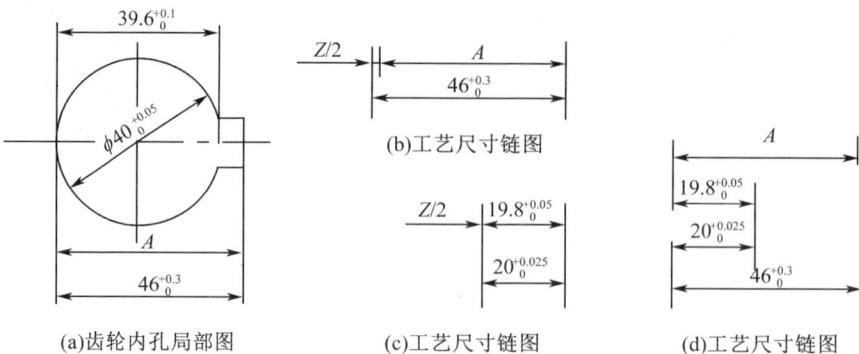

图 1 – 22 孔与键槽加工的工艺尺寸计算

解:①建立工序尺寸链:

设计要求尺寸 $46_0^{+0.30}$ mm 和工序尺寸 A 两者仅差半径方向的磨削工序余量 $Z/2$(Z 为磨削余量)。因而尺寸 $46_0^{+0.30}$ mm 、A 和 $Z/2$ 组成一个三环尺寸链,如图 1 – 22(b)所示。其中,A 是插键槽时控制的工序尺寸,而尺寸 $46_0^{+0.30}$ mm 是磨孔时间接获得的,所以该尺寸为封闭环。另一方面,磨削余量 $Z/2$ 是内孔两次加工的半径余量,也可建立一个三环尺寸链,如图 1 – 22(c)所示,$Z/2$ 为封闭环。镗孔和磨孔工序的半径尺寸 $19.8_0^{+0.05}$ mm 和 $20_0^{+0.025}$ mm 为组成环。以上两个尺寸链可合并成一个四环尺寸链,如图 1 – 22(d)所示。$Z/2$ 作为中介环,合并时可消去。设计尺寸 $46_0^{+0.30}$ mm 为封闭环,A 和 $20_0^{+0.025}$ mm 为增环,$19.8_0^{+0.05}$ mm 为减环。

②计算插键槽的工序尺寸及偏差:

由式(1 – 1)得 $46 = 20 + A - 19.8$ ∴$A = 45.8$ mm

由式(1 – 4)得 $+0.3 = (+0.025 + ESA) - 0$ ∴$ESA = 0.275$ mm

由式(1 – 5)得 $0 = (0 + EIA) - (+0.05)$ ∴$EIA = 0.05$ mm

故插键槽的工序尺寸及偏差为 $A = 45.8_{+0.05}^{+0.275}$ mm。

5. 保证渗氮、渗碳深度的工序尺寸及其公差的计算

产品中有些零件的表面需进行渗碳或渗氮处理,而且要求在最终加工后还要保证具有一定的渗层深度。为此,必须合理地确定渗前加工的工序尺寸和热处理时的渗层深度。

例 1.5 如图 1 – 23(a)所示的轴零件。轴径 $\phi100_{-0.016}^0$ mm 表面需渗碳,精加工后要求保证渗碳层深度为 $t = 1 \pm 0.1$ mm(单边深度)。该表面的加工顺序为:半精车外圆至 $\phi100.5_{-0.14}^0$ mm—渗碳、淬火(渗碳层深度为 t_1)—磨削外圆至 $\phi100_{-0.016}^0$ mm,并同时保证渗碳层深度为 $t_1 = 1 \pm 0.1$ mm。试求半精车外圆后渗碳淬火工序的渗碳层深度 t_1 。

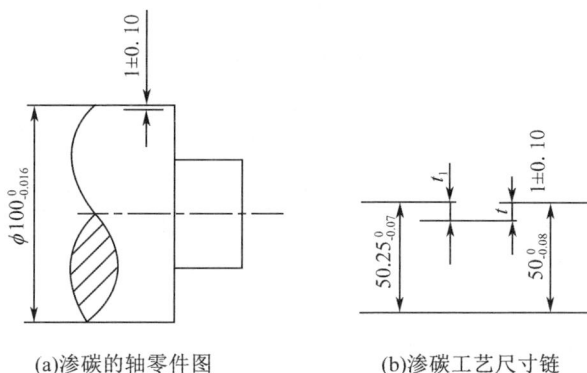

(a)渗碳的轴零件图　　　　(b)渗碳工艺尺寸链

图1-23　保证渗碳层深度的尺寸换算

解:①建立工序尺寸链:

渗碳前后工序的半径尺寸 $50.25^{0}_{-0.07}$ mm、$50^{0}_{-0.008}$ mm 和精加工前后的渗碳层深度 t_1、t 可组成一工艺尺寸链,如图1-21(b)所示。显然图样规定的渗碳层深度 t 是封闭环。

②计算渗碳淬火工序的渗碳层深度:

由式(1-1)得　　$1 = t_1 + 50 - 50.25$　　∴ $t_1 = 1.25$ mm

由式(1-4)得　　$0.1 = \mathrm{ES}t_1 + 0 - (-0.07)$　　∴ $\mathrm{ES}t_1 = 0.03$ mm

由式(1-5)得　　$-0.1 = \mathrm{EI}t_1 - 0.008 - 0$　　∴ $\mathrm{EI}t_1 = -0.092$ mm

故 $t_1 = 1.25^{+0.03}_{-0.092}$ mm,即渗碳层深度为 $1.158 \sim 1.28$ mm。

任务四　机械加工的生产率

一、时间定额的确定

时间定额是在一定的生产条件下,规定生产一件产品或完成一道工序所需消耗的时间。时间定额不仅是衡量劳动生产率的指标,也是安排生产计划、核算生产成本的重要依据。合理的时间定额能调动工人的生产积极性,促进工人技术水平的提高,从而不断提高劳动生产率。

时间定额通常由定额员、工艺人员和工人相结合,通过总结过去的经验,并参考有关的技术资料直接估计确定;或者以同类产品的工件或工序的时间定额为依据进行对比分析后推算出来;也可以通过对实际操作时间的测定和分析后确定。

完成一个零件的一道工序的时间称为单件时间($t_{单件}$)。它包括下列组成部分:

1. 基本时间($t_{基本}$)

基本时间是指直接用于改变零件尺寸、形状、相对位置、表面质量或材料性质等工艺过程所消耗的时间,对于切削加工是指切除工序加工余量所消耗的时间(包括刀具的切入和切出时间)。

2. 辅助时间($t_{辅助}$)

辅助时间是指为实现工艺过程所必须进行的各种辅助动作所消耗的时间。它包括装卸工件、开停机床、改变切削用量、试切和测量工件尺寸等。

3. 布置工作地时间（$t_{布置}$）

布置工作地时间是指为使加工正常进行，工人照管工作地所消耗的时间，如更换刀具、润滑机床、清理切屑、收拾工具等。它一般可按作业时间的2%～7%来计算。

4. 休息和生理需要时间（$t_{休息}$）

休息和生理需要时间是指工人在工作班内为恢复体力和满足生理上的需要所消耗的时间，一般可按作业时间的2%～4%来计算。

因此单件时间为：$t_{单件}=t_{基本}+t_{辅助}+t_{布置}+t_{休息}$，成批生产中还必须考虑准备终结时间（$t_{终结}$）。

5. 准备终结时间（$t_{终结}$）

准备终结时间是指成批生产中，工人为了生产一批零件，进行准备和结束工作所消耗的时间，如熟悉工艺文件、领取毛坯、安置工装和归还工装、送交成品等。

准备终结时间对一批工件只消耗一次，分摊在每个工件上的时间为 $t_{终结}/n$（n 为所加工的工件数）。显然批量越大，分摊在每一个工件上的时间越少。因此，成批生产的单件时间为

$$t_{单件}=t_{基本}+t_{辅助}+t_{布置}+t_{休息}+(t_{终结}/n)$$

在大批量生产中，因各工作地点只完成固定的工作，在单件时间定额中 $t_{终结}/n$ 极小，所以可不计入。

二、提高机械加工生产率的工艺途径

提高机械加工生产率的工艺途径是指合理利用提高生产率的机床、工艺装备及先进的加工方法，从而缩短各工序的单件时间。

1. 缩短单件时间定额

缩短时间定额，首先应缩减占定额中比例较大部分。在单件小批量生产中，辅助时间和准备终结时间所占比例大；在大批量生产中，基本时间所占比例较大。因此，缩短单件时间定额主要从以下几方面采取措施。

（1）缩减基本时间

基本时间 $t_{基本}$ 可按有关公式计算。以车削为例：

$$t_{基本}=\frac{\pi dL}{1\,000vf}\cdot\frac{Z}{\alpha_p} \tag{1-8}$$

式中　L——切削长度，mm；

　　　d——切削直径，mm；

　　　Z——切削余量，mm；

　　　v——切削速度，m/min；

　　　f——进给量，mm/r；

　　　α_p——吃刀深度，mm。

①提高切削用量：由基本时间计算公式可知，增大 v、f、α_p 均可缩减基本时间。

②减少切削长度 L：利用 n 把刀具或复合刀具对工件的同一表面或几个表面同时进行加工，或者利用宽刃刀具或成形刀具作横向走刀同时加工多个表面，实现复合工步，均能减少每把刀切削长度，减少基本时间。

③采用多件加工：多件加工通常有顺序多件加工（图1-24(a)）、平行多件加工（图1-24(b)）、平行顺序加工（图1-24(c)）三种形式。多件加工常用于龙门刨、平面磨削及铣削加工中。

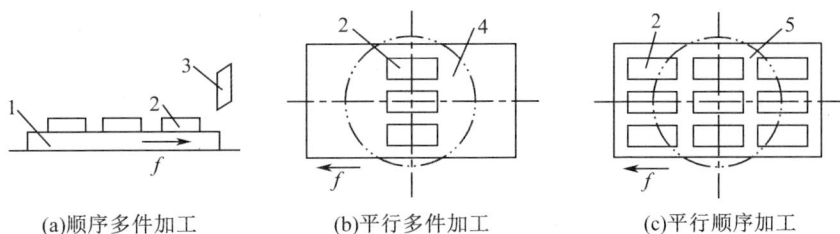

(a)顺序多件加工　　　　　(b)平行多件加工　　　　　(c)平行顺序加工

1—工作台;2—工件;3—刨刀;4—铣刀;5—砂轮。

图 1-24　多件加工示意图

（2）缩减辅助时间

①直接减少辅助时间:采用高效的气、液动夹具和自动测量装置等,使辅助动作实现机械化和自动化,以缩减辅助时间。

②辅助时间与基本时间重合:采用转位夹具或回转工作台加工,使装卸工件的辅助时间与基本时间重合。

（3）缩减布置工作地时间

提高刀具或砂轮耐用度,减少换刀次数;采用各种快换刀夹、自动换刀、对刀装置,减少换刀和调刀时间,均可缩减布置工作地时间。

（4）缩减准备终结时间

中、小批生产中,由于批量小、品种多,准备终结时间在单件时间中占有较大比例,使生产率受到限制。扩大批量是缩减准备终结时间的有效途径。目前,采用成组技术及零件、部件通用化、标准化、产品系列化是扩大批量的有效方法。

2. 采用先进工艺方法

采用先进工艺可大大提高机械加工生产率,具体措施如下。

（1）在毛坯制造中采用新工艺

如采用粉末冶金、失蜡铸造、精锻等新工艺,能提高毛坯精度,减少机械加工劳动量和节约原材料。

（2）采用少、无切削工艺

如采用冷挤、冷轧、滚压等方法,不仅能提高生产率,而且可提高工件表面质量和精度。

（3）改进加工方法

如采用拉削代替镗、铰削,可大大提高生产率。

（4）应用特种加工新工艺

对于某些特硬、特脆、特韧性材料及复杂型面的加工,往往用常规切削方法难以完成加工,而采用电加工等特种加工能显示其优越性和经济性。

大国工匠:雕刻火药的军工匠人

项目二　轴类零件加工工艺的编制

任务一　轴类零件概述

一、轴类零件特点

轴类零件是机械加工中常见的典型零件之一，它主要用来支承传动零部件、传递转矩和承受载荷。

轴类零件是旋转体零件，其长度大于直径，一般由同轴的外圆柱面、圆锥面、内孔和螺纹、花键、横向孔、沟槽及相应的端面组成。

根据轴的长度 L 与直径 d 之比，分为刚性轴（$L/d \leqslant 12$）和挠性轴（$L/d > 12$）两种，其中长径比大于 20 的挠性轴称为细长轴。

二、轴类零件的主要技术要求

1. 尺寸精度

轴类零件的尺寸精度是指直径尺寸精度和轴长尺寸精度。轴颈是轴类零件的主要表面，分为配合轴颈（装配传动件的轴颈）和支承轴颈（装配轴承的轴颈），它影响轴的回转精度及工作状态，其直径精度应根据使用要求合理选择。通常对支承轴颈的尺寸精度要求较高（IT5～IT7），对装配传动件的轴颈的尺寸精度要求相对较低（IT6～IT9）。

2. 形状精度

轴类零件的形状精度主要是指轴颈、外锥面、莫氏锥孔等的圆度和圆柱度等，一般应将其公差限制在尺寸公差范围内。对精度要求较高的内、外圆表面，应在图样上标注其允许偏差。

3. 位置精度

轴类零件的位置精度要求主要是由轴在机械中的位置和功用决定的。通常应保证配合轴颈对支承轴颈的同轴度要求及配合轴颈与支承端面的垂直度要求，否则会影响传动件（齿轮等）的传动精度，并产生噪声。普通精度轴的配合轴颈相对于支承轴颈的径向圆跳动一般为 0.01～0.03 mm，精度高的轴（如主轴）为 0.001～0.005 mm；轴向圆跳动为 0.005～0.01 mm。

4. 表面粗糙度

轴类零件的各表面均有表面粗糙度要求。一般来说，配合轴颈表面粗糙度 Ra 0.63～2.5 μm，支承轴径的表面粗糙度 Ra 0.16～0.63 μm。

三、轴类零件的材料、毛坯及其热处理

1. 轴类零件的材料

一般轴类零件常用 45 钢，它价格便宜，经过调质（或正火）后可得到较好的可加工性，

而且能获得较高的强度和韧性等综合力学性能,淬火后表面硬度可达45~52 HRC。中等精度而转速高的轴常用40Cr等合金结构钢,这类钢经调质和淬火后,具有较好的综合力学性能。精度较高的轴常用轴承钢GCr15和弹簧钢65Mn,经调质和高频感应淬火后,表面硬度可达50~58 HRC,并具有较高的耐疲劳性和较好的耐磨性。高转速、重载荷的轴可以用20CrMnTi、20MnVB、20Cr等低碳合金钢或38CrMoAlA氮化钢,20CrMnTi、20MnVB、20Cr等低碳合金钢经渗碳淬火后,具有很高的表面硬度、耐冲击韧性和心部强度,但热处理变形较大。38CrMoAlA氮化钢经调质和表面氮化后,不仅能获得很高的表面硬度,而且能保持较软的心部,因此耐冲击韧性好,与渗碳淬火钢比较,它有热处理变形小、硬度更高的特性。球墨铸铁适合制造形状复杂的轴。

2. 轴类零件的毛坯

轴类零件可根据使用要求、生产类型、设备条件及结构,选用棒料、锻件等毛坯形式。只有某些大型的、结构复杂的轴,才采用铸件。对于外圆直径相差不大的轴,一般以棒料为主;而外圆直径相差大的阶梯轴或重要的轴,则常选用锻件。由于锻件毛坯经过加热锻打后,能使金属内部的纤维组织沿表面均匀分布,从而可得到较高的抗拉、抗弯及抗扭转强度,这样既节约材料又减少机械加工的工作量,还可改善力学性能。

3. 轴类零件的热处理

轴类零件应根据不同的工作条件和使用要求选用不同的材料并采用不同的热处理规范(如调质、正火和淬火等),以获得一定的强度、韧性和耐磨性。

(1)正火

轴的锻造毛坯在机械加工之前均须进行正火(或退火)处理,使钢材的晶粒细化,消除锻造后的残余应力,降低毛坯硬度,改善可加工性。

(2)调质

一般安排在轴类零件粗加工以前或以后、半精加工之前进行。

(3)表面淬火

穿插在次要表面加工之后、精加工之前进行,以保证淬火引起的局部变形在精加工中得以消除。

(4)渗碳(或渗氮)

①渗碳淬火可以改善零件的表面力学性能。高温渗碳工件变形大,因此渗碳一般安排在次要表面加工之前进行,渗碳后可通过机械加工减少次要表面的位置误差。

②渗氮处理一般用于提高产品的耐磨性、疲劳强度、耐蚀性和耐热性能,根据零件的加工要求安排在调质之后,在粗、精磨之间或精磨之后进行。

(5)普通淬火

在半精加工之后、磨削等精加工之前安排淬火,以提高工件的硬度和耐磨性。

(6)时效处理

对精度要求较高的轴,局部淬火和粗磨之后,安排低温时效处理,以消除淬火及粗磨过程中产生的残余应力和残留奥氏体。

以上基本涵盖了轴类零件加工所使用的热处理方法,在具体编制工艺时应考虑零件本身的特点及企业的实际情况。

四、轴类零件的加工方案

外圆表面的加工方法主要是车削和磨削,常见的加工方案见表 2 – 1。

轴类零件车削与磨削

表 2 – 1 外圆表面加工方案

序号	加 工 方 案	经济精度级	表面粗糙度 /μm	适用范围
1	粗车	IT11 以下	Ra 12.5 ~ 50	适用于淬火钢以外的各种金属
2	粗车—半精车	IT8 ~ IT10	Ra 3.2 ~ 6.3	
3	粗车—半精车—精车	IT7 ~ IT8	Ra 0.8 ~ 1.6	
4	粗车—半精车—精车—滚压(或抛光)	IT7 ~ IT8	Ra 0.025 ~ 0.2	
5	粗车—半精车—磨削	IT7 ~ IT8	Ra 0.8 ~ 0.4	主要用于淬火钢,也可用于未淬火钢,但不宜加工有色金属
6	粗车—半精车—粗磨—精磨	IT6 ~ IT7	Ra 0.1 ~ 0.4	
7	粗车—半精车—粗磨—精磨—超精加工(或轮式超精磨)	IT5	Rz 0.1 ~ 0.1	
8	粗车—半精车—精车—金刚石车	IT6 ~ IT7	Ra 0.025 ~ 0.4	主要用于要求较高的有色金属加工
9	粗车—半精车—粗磨—精磨—超精磨或镜面磨	IT5 以上	Rz 0.05 ~ 0.025	极高精度的外圆加工
10	粗车—半精车—粗磨—精磨—研磨	IT5 以上	Rz 0.05 ~ 0.1	

说明:

1. 最终工序为车削的加工方案,适用于除淬火钢以外的各种金属。

2. 最终工序为磨削的加工方案,适用于淬火钢、未淬火钢和铸铁;不适用于有色金属,因其韧性大,磨削时易堵塞砂轮。

3. 最终工序为精细车或金刚车的加工方案,适用于要求较高的有色金属的精加工。

4. 最终工序为光整加工,如研磨、超精磨及超精加工等,为提高生产率和加工质量,一般在光整加工前进行精磨。

5. 对表面粗糙度要求高,而尺寸精度要求不高的外圆,可通过滚压或抛光达到要求。

轴类零件的主要表面是各个轴颈的外圆表面,空心轴的内孔精度一般要求不高,而精密主轴上的螺纹、花键、键槽等次要表面的精度要求比较高。因此,轴类零件的加工工艺主要是考虑外圆的加工顺序,并将次要表面的加工合理地穿插其中。下面是生产中常用的不同精度、不同材料轴类零件的加工工艺路线。

1. 一般渗碳钢的轴类零件加工工艺路线

备料—锻造—正火—钻中心孔—粗车—半精车、精车—渗碳(或碳氮共渗)—淬火、低温回火—粗磨—次要表面加工—精磨。

2. 一般精度调质钢的轴类零件加工工艺路线

备料—锻造—正火（退火）—钻中心孔—粗车—调质—半精车、精车—表面淬火、回火—粗磨—次要表面加工—精磨。

3. 精密氮化钢轴类零件的加工工艺路线

备料—锻造—正火（退火）—钻中心孔粗车—调质—半精车、精车—低温时效—粗磨—渗氮—次要表面加工—精磨—光磨。

4. 整体淬火轴类零件的加工工艺路线

备料—锻造—正火（退火）—钻中心孔—粗车—调质—半精车、精车—次要表面加工—整体淬火—粗磨—低温时效—精磨。

一般精度轴类零件，最终工序采用精磨就足以保证加工质量。精密轴类零件，除了精加工外，还应安排光整加工。对于除整体淬火之外的轴类零件，其精车工序可根据具体情况不同，安排在淬火热处理之前进行，或安排在淬火热处理之后、次要表面加工之前进行。应该注意的是：经淬火后的部位，不能用一般刀具切削，所以一些沟、槽、小孔等需在淬火之前加工完。

五、轴类零件的加工基准与装夹方案

轴类零件的设计基准是其支承轴颈的轴心连线，为了体现"基准统一"原则，常在轴的两端面加工出中心孔作为统一的定位基准面加工各段外圆柱面；或用柱面与中心孔联合定位；较短的轴则直接用外圆定位。

安装方案如下。

1. 用卡盘夹

用自定心卡盘直接夹持外圆，或用单动卡盘夹外圆结合百分表找正定位。

四爪卡盘找正

2. 两头顶

用前后顶尖与中心孔定位，通过拨盘和鸡心夹带动工件旋转，用于一次装夹下加工数段外圆。这种方法有利于保证各外圆柱面之间的同轴度和台阶面对轴线的垂直度。当工件的刚度较低时，可在前后顶尖之间加装中心架或跟刀架作为辅助支承，以提高支承刚度。若工件为空心轴，当其通孔加工出来后，中心孔已不复存在，此时可在通孔两头加工出一段锥孔，装上锥堵，利用锥堵上的中心孔来实现"两头顶"，如图 2-1 所示。

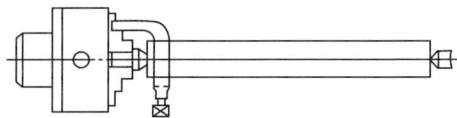

图 2-1 两头顶装夹

中心架的使用

3. 一夹一顶

粗加工时，因切削力较大，可采用自定心卡盘夹一头，顶尖顶另一头，如图 2-2 所示。

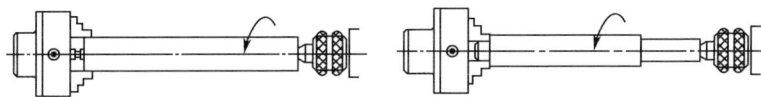

图 2-2 一夹一顶装夹

跟刀架的使用

任务二   轴类零件加工工艺编制

一、传动轴加工工艺过程分析

1. 工艺分析

如图 2-3 所示,根据工作性能与条件,该传动轴图样规定了主要轴颈 M、N,外圆 P、Q 以及轴肩 G、H、I 有较高的尺寸、位置精度和较小的表面粗糙度值,并有热处理要求。这些技术要求必须在加工中给予保证。因此,该传动轴的关键工序是轴颈 M、N 和外圆 P、Q 的加工。

2. 确定毛坯

该传动轴材料为 45 号钢。本例传动轴属于中小传动轴,并且各外圆直径尺寸相差不大,故选择 $\phi60$ mm 的热轧圆钢作为毛坯。

3. 工艺路线拟定

合理地选择定位基准,对于保证零件的尺寸和位置精度有着决定性的作用。由于该传动轴的几个主要配合表面(Q、P、N、M)及轴肩面(H、G)对基准轴线 $A-B$ 均有径向圆跳动和端面圆跳动的要求,它又是实心轴,所以应选择两端中心孔为基准,采用双顶尖装夹方法,以保证零件的技术要求。粗基准采用热轧圆钢的毛坯外圆。中心孔加工采用自定心卡盘装夹热轧圆钢的毛坯外圆,车端面,钻中心孔。但必须注意,一般不能用毛坯外圆装夹两次钻两端中心孔,而应该以毛坯外圆作为粗基准,先加工一个端面,钻中心孔,车削出一端外圆;然后以已车削过的圆作为基准,用自定心卡盘装夹(有时在上一工步已车削外圆处搭中心架),车另一端面,钻中心孔。如此加工中心孔,才能保证两中心孔同轴。

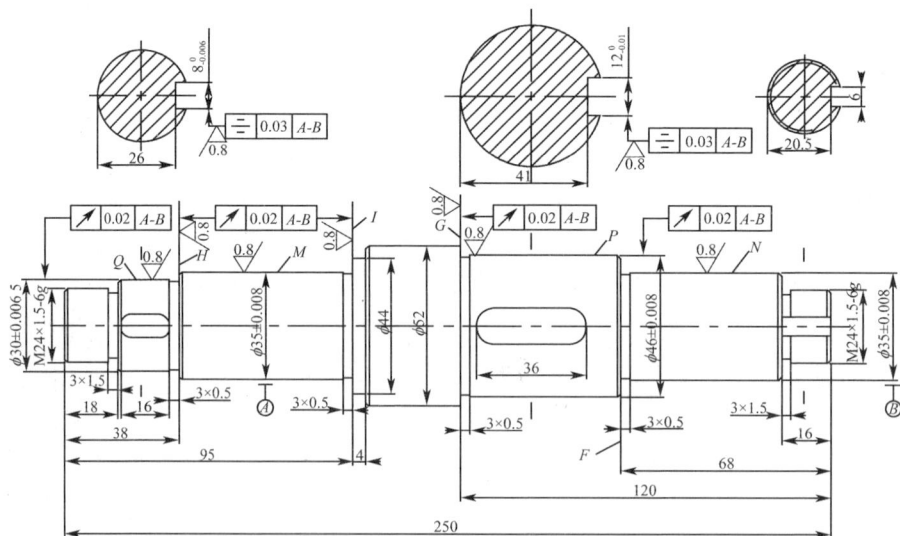

图 2-3   传动轴零件图

二、加工工艺过程的制定

1. 各表面加工方法的选择

传动轴大都是回转表面,主要采用车削与外圆磨削成形。由于该传动轴的主要表面

M、N、P、Q 的公差等级（IT6）较高，表面粗糙度（Ra 0.8 μm）较小，故车削后还需磨削。外圆表面的加工方案可为：粗车—半精车—磨削。

2. 加工顺序的确定

对精度要求较高的零件，其粗、精加工应分开，以保证零件的质量。该传动轴加工划分为三个阶段：粗车（粗车外圆、钻中心孔等）—半精车（半精车各处外圆、台阶和修研中心孔及次要表面等）—粗、精磨（粗、精磨各处外圆）。各阶段划分大致以热处理为界。轴的热处理要根据其材料和使用要求确定。对于传动轴，正火、调质和表面淬火用得较多。该轴要求调质处理，并安排在粗车各外圆之后、半精车各外圆之前。综合上述分析，传动轴的工艺路线如下：下料—车两端面、钻中心孔—粗车各外圆—调质—修研中心孔—半精车各外圆、车槽、倒角—车螺纹—画键槽加工线—铣键槽—修研中心孔—磨削—检验。定位精基准面中心孔应在粗加工之前加工，在调质之后和磨削之前各需安排一次修研中心孔的工序。调质之后修研中心孔是为消除中心孔的热处理变形和氧化皮，磨削之前修研中心孔是为提高定位精基准面的精度和减小锥面的表面粗糙度。拟定传动轴的工艺过程时，在考虑主要表面加工的同时，还要考虑次要表面的加工。在半精加工 ϕ52 mm、ϕ44 mm 及 M24 mm 外圆时，应车到图样规定的尺寸，同时加工出各退刀槽、倒角和螺纹；三个键槽应在半精车后及磨削之前铣削加工出来，这样可保证键槽有较精确的定位基准，又可避免在精磨后、铣键槽时破坏已精加工的外圆表面。在拟定工艺过程时，应考虑检验工序的安排、检查项目及检验方法的确定。综上所述，所确定的该传动轴加工工艺过程卡见表2-2。

表2-2　传动轴加工工艺过程卡

机械加工工艺过程卡				产品名称	减速器	图号	
				零件名称	传动轴	共1页	第1页
毛坯种类		圆钢	材料牌号	45钢		毛坯尺寸	ϕ60 mm × 265 mm
序号	工种	工步	工序内容			设备	工具		
							夹具	刃具	量具
1	下料		ϕ60 mm×265 mm						
2	车		三爪自定心卡盘夹持工件毛坯外圆						
		1	车端面见平						
		2	钻中心孔						
			用尾座顶尖顶住中心孔						
		3	粗车 ϕ46 mm 外圆至 ϕ48 mm，长 118 mm						
		4	粗车 ϕ35 mm 外圆至 ϕ37 mm，长 66 mm						
		5	粗车 M24 mm 外圆至 ϕ26 mm，长 14 mm						
			调头，三爪自定心卡盘夹持 ϕ48 mm 处						
			（ϕ44 mm 外圆）						
		6	车另一端面，保证总长 250 mm						

表 2−2(续1)

机械加工工艺过程卡				产品名称	减速器	图号	
				零件名称	传动轴	共 1 页	第 1 页

毛坯种类	圆钢	材料牌号	45 钢	毛坯尺寸	$\phi60$ mm × 265 mm

序号	工种	工步	工序内容	设备	工 具		
					夹具	刃具	量具
		7	钻中心孔				
			用尾座顶尖顶住中心孔				
		8	粗车 $\phi52$ mm 外圆至 $\phi54$ mm				
		9	粗车 $\phi35$ mm 外圆至 $\phi37$ mm,长 93 mm				
		10	粗车 $\phi30$ mm 外圆至 $\phi32$ mm,长 36 mm				
		11	粗车 M24 mm 外圆至 $\phi26$ mm,长 16 mm				
		12	检验				
3	热		调质处理 220 ~ 240 HBS				
4	钳		修研两端中心孔				
5	车		双顶尖装夹				
		1	半精车 $\phi46$ mm 外圆至 $\phi46.5$ mm,长 120 mm				
		2	半精车 $\phi35$ mm 外圆至 $\phi35.5$ mm,长 68 mm				
		3	半精车 M24 mm 外圆至 $\phi24_{-0.2}^{-0.1}$ mm,长 16 mm				
		4	半精车 2 ~ 3 mm × 0.5 mm 环槽				
		5	半精车 3 mm × l.5 mm 环槽				
		6	倒外角 1 mm × 45°,3 处				
			调头,双顶尖装夹				
		7	半精车 $\phi35$ mm 外圆至 $\phi35.5$ mm,长 95 mm				
		8	半精车 $\phi30$ mm 外圆至 $\phi35.5$ mm 长 38 mm				
		9	半精 M24 mm 外圆至 $\phi24_{-0.2}^{-0.1}$ mm,长 18 mm				
		10	半精车 $\phi44$ mm 至尺寸,长 4 mm				
		11	车 2 ~ 3 mm × 0.5 mm 环槽				
		12	半精车 3 mm × l.5 mm 环槽				
		13	倒外角 1 mm × 45°,4 处				
		14	检验				
6	车		双顶尖装夹				
		1	M24 mm × l.5 mm −6g 至尺寸				

表 2－2（续 2）

机械加工工艺过程卡				产品名称	减速器	图号	
				零件名称	传动轴	共 1 页	第 1 页
毛坯种类		圆钢	材料牌号		45 钢	毛坯尺寸	φ60 mm × 265 mm

序号	工种	工步	工序内容	设备	工具		
					夹具	刃具	量具
			调头,双顶尖装夹				
		2	车 M24 mm × 1.5 mm － 6g 至尺寸				
		3	检验				
7	钳		画两个键槽及一个止动垫圈槽加工线				
8	铣		用 V 形虎钳装夹,按线找正				
		1	铣键槽 12 mm × 36 mm,保证尺寸 41～41.25 mm				
		2	铣键槽 8 mm × 16 mm,保证尺寸 26～26.25 mm				
		3	铣止动垫圈槽 6 mm × 16 mm,保证 20.5 mm 至尺寸				
		4	检验				
9	钳		修研两端中心孔				
10	磨	1	磨外圆 M 至尺寸				
		2	磨轴肩面 I				
		3	磨外圆 Q 至尺寸				
		4	磨轴肩面 H				
			调头,双顶尖装夹				
		5	磨外圆 P 至尺寸				
		6	磨轴肩面 G				
		7	磨外圆 N 至尺寸				
		8	磨轴肩面 F				
		9	检验				

大国工匠:打磨"飞鲨"的 80 后

项目三　套筒类零件加工工艺的编制

任务一　套筒类零件概述

一、套筒类零件特点

套筒类零件应用广泛,在机器和设备中主要起着支承和导向作用,例如:内燃机上的气缸套、液压系统中的液压缸、电液伺服阀的阀套、夹具上的导向套、镗床主轴套,以及支承回转轴的各种形式的滑动轴承等。套筒类零件的结构形式如图 3-1 所示。

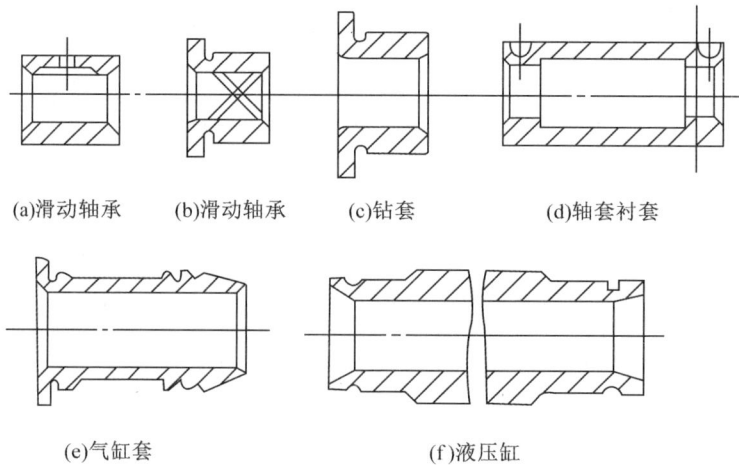

(a)滑动轴承　　(b)滑动轴承　　(c)钻套　　　(d)轴套衬套

(e)气缸套　　　　　　　　(f)液压缸

图 3-1　套筒类零件的结构形式

套筒类零件的功能各有不同,但是其结构一般具有以下特点:
①外圆直径一般小于其长度,通常长径比小于 5;
②内孔与外圆直径相差较小,易变形;
③内、外圆回转面之间的同轴度要求较高,公差值小;
④大多数套筒类零件的结构相对比较简单。

二、套筒类零件的主要技术要求

1. 内孔

内孔是套筒类零件起支承或导向作用的最主要表面,通常与运动的轴、刀具或活塞相配合。内孔直径尺寸的公差等级一般为 IT7,精密轴承有时为 IT6,气缸和液压缸由于与其配合的活塞上有密封圈,故要求较低,通常取 IT9。

内孔的形状精度应控制在孔径公差以内,一些精密套筒控制为孔径公差的 1/3~1/2,甚至更严。对于长的套筒,除了圆度要求以外,还应注意孔的圆柱度。

为了保证零件的功用和提高其耐磨性,孔的表面粗糙度 $Ra\ 0.16\sim1.6\ \mu m$,要求高的精密套筒可达 $Ra\ 0.04\ \mu m$。

2. 外圆

外圆表面一般是套筒类零件的支承表面,常以过盈配合或过渡配合同箱体或机架上的孔相连接,其外径尺寸的公差等级为 IT6～IT7,形状精度控制在外径公差以内,表面粗糙度 $Ra\ 0.4\sim3.2\ \mu m$。

3. 内、外圆之间的同轴度

内、外圆之间的同轴度应根据加工与装配要求确定,若孔的最终加工是将套筒装入箱体或机架后进行的,则套筒内、外圆间的同轴度要求较低;若最终加工是在装配前完成的,则其同轴度要求较高,一般为 $0.01\sim0.05\ mm$。

4. 孔轴心线与端面的垂直度

套筒类零件的端面(包括凸缘端面)在工作时承受轴向载荷或虽不承受载荷但加工时作为定位面时,端面与轴线的垂直度要求高,一般为 $0.02\sim0.05\ mm$。

三、套筒类零件的毛坯

套筒类零件一般由钢、铸铁、青铜或黄铜制成。有些滑动轴承采用双金属结构,以离心铸造法在钢或铸铁内壁上浇注巴氏合金等轴承合金材料,既可节省贵重的非铁金属,又能提高轴承的寿命。

套筒类零件毛坯的选择与其材料、结构、尺寸及生产批量有关,孔径小的套筒,一般选择热轧或冷拉棒料,也可采用实心铸件;孔径较大的套筒,常选择无缝钢管或带孔的铸件、锻件;大量生产时,可采用冷挤压和粉末冶金等先进的毛坯制造工艺,既提高了生产率,又节约了材料。

四、套筒类零件的加工方法

1. 钻孔

钻孔加工直径一般在 $\phi75\ mm$ 以下,加工精度较低,通常只能达到 IT10,表面粗糙度 Ra 一般为 $6.3\sim12.5\ \mu m$,主要用于尺寸公差等级低于 IT11 的孔的终加工或者尺寸公差等级要求较高的孔的预加工。

2. 扩孔

扩孔是使用扩孔钻对已钻出、铸出或锻出的孔进行进一步加工的方法。该方法具有背吃刀量小、排屑容易、刀具齿数多、刚性好、进给量大、生产效率高等特点,有一定的纠偏能力。扩孔的加工精度一般为 IT10～IT11,表面粗糙度 $Ra\ 3.2\sim6.3\ \mu m$,扩孔常作为精加工(如铰孔)前的准备工序,也可作为要求不高的孔的终加工。

3. 铰孔

铰孔是对中小尺寸的孔进行精加工的方法。铰孔时,由于余量较小,故切削速度较低,刀齿较多、刚性好且制造精确,加之排屑、冷却、润滑条件等较好,铰孔后孔本身的质量得到了提高,孔径尺寸公差等级一般为 IT7～IT9,手铰可达 IT6 级,表面粗糙度 $Ra\ 0.32\sim3.2\ \mu m$。铰孔主要用于加工中小尺寸的孔,孔的直径范围一般为 $\phi3\sim150\ mm$。铰孔对纠正孔的位置误差的能力很差,因此孔的有关位置精度应由铰孔前的预加工工序保

孔的加工方法

证。此外,铰孔不宜加工短孔、深孔和断续孔。

4. 镗孔

镗孔是在扩孔的基础上发展而成的一种常用的孔加工方法,可作为粗加工工序,也可作为精加工工序,其加工范围很广,小批量生产中的非标准孔、大直径孔、精确的短孔及不通孔、非铁金属孔等一般多采用镗孔。镗孔可以在车床、铣床和数控机床上进行,能获得的尺寸公差等级为IT6~IT8,表面粗糙度 Ra 0.8~3.2 μm。镗孔刀具(镗杆与镗刀)因受孔径尺寸的限制(特别是小直径深孔),一般刚性较差,镗孔时容易产生振动,生产率较低。但是由于镗孔不需要专用的尺寸刀具(如铰刀),镗刀结构简单,又可在多种机床上进行镗孔,故单件小批量生产中,镗孔是较经济的方法。此外,镗孔能够修正前工序加工所导致的轴线歪斜和偏移,从而可以提高位置精度,用车削方法扩大工件的孔或加工空心工件的内表面称为车孔。车床车孔多用于加工盘套类和小型支架类零件的孔。在盘套类零件上车孔,通常分为车通孔、车台阶孔和车不通孔。车削内表面的车刀主后角与副后角一般均磨成双重后角,以防止车刀后面与工件相碰,减少车刀后面与加工表面的摩擦。

5. 磨孔

磨孔是一种常见的精加工内孔的方法,特别是对淬硬内孔、断续表面的内孔和精密的短孔更是主要的加工方法。磨孔与磨外圆原理相同,但磨内孔工作条件差,特点如下:

①砂轮直径受工件孔径的限制,砂轮磨损快,常修整更换砂轮,辅助时间多。

②砂轮速度受到砂轮直径等因素的限制,生产效率低。

③砂轮轴因受工件孔径及长度的限制,刚性差,易弯曲和振动,影响工件质量。

④砂轮与工件内孔的接触面积大,压强小,易烧伤,宜选较软砂轮。

⑤冷却及排屑困难。

磨孔的加工精度高,可达IT4~IT6,表面粗糙度 Ra 0.01~1.25 μm。对于大型零件较大的内孔,可在普通卧式车床或立式车床上装夹砂轮磨头或砂带磨头进行磨削加工,

对于某些零件上的深长小孔,可采用砂绳磨削,砂绳是砂带的一种特殊形式。

6. 拉孔

拉孔是用拉刀在拉床上对已预加工的孔进行半精加工或精加工的方法。拉孔的特点如下:

①尺寸精度高,表面质量好。一般尺寸公差等级为IT7~IT9,Ra 0.1~1.6 μm。

②不能纠正轴线的偏斜。

③拉刀结构复杂,成本高,制造周期长。

④一把拉刀只拉一种规格尺寸的孔,要求工件材质均匀。

⑤薄壁孔、盲孔、阶梯孔、深孔、大直径孔和很小的孔及淬硬孔不宜采用拉削。

⑥拉削范围为 ϕ10~100 mm。

五、套筒类零件的精密加工方法

1. 精细镗

精细镗是一种很有特色的镗孔方法,由于最初是使用金刚石做刀具材料,所以又称金刚镗。这种方法常用于非铁金属合金及铸铁套筒内孔的精密加工,柴油机连杆和气缸套加工中也应用较多。为获得高的加工精度和小的表面粗糙度,精细镗常采用精度高、刚性好、具有高转速的金刚镗床,所采用的刀具是颗粒细而耐磨的金刚石和硬质合金,并经过刃磨

和研磨可获得锋利的刃口。精细镗孔时,加工余量较小,高速切削下切去截面很小的切屑。由于切削力很小,故尺寸公差等级能达到 IT5 级,表面粗糙度 $Ra\ 0.2 \sim 0.4\ \mu m$,孔的几何误差小于 $3 \sim 5\ \mu m$。

2. 珩磨

珩磨是用若干细粒度磨条组成的珩磨头进行内孔光整加工的方法,通常在磨削或精镗后。珩磨加工范围广,生产效率高,而且加工精度很高,一般尺寸公差等级可达 IT5 ~ IT6,表面粗糙度可达到 $Ra\ 0.1 \sim 0.8\ \mu m$,并能修正孔的几何偏差。珩磨可加工铸铁、淬硬或不淬硬的钢件,但不宜加工易堵塞油石的韧性金属零件。珩磨可以加工孔径为 $\phi 5 \sim 500\ mm$ 的孔,也可加工 $L/D > 10$ 的深孔。因此,珩磨工艺被广泛应用于汽车、拖拉机、煤矿机械、机床和军工等生产部门。

3. 研磨

研磨是利用铸铁、低碳钢、钢等制成的研磨棒作为研具,表面开槽以存留研磨剂,手工进行操作研磨。经研磨的内孔尺寸精度可达 IT6 以上,表面粗糙度 $Ra\ 0.01 \sim 0.16\ \mu m$;孔的位置精度由前工序保证;其特点是生产效率低,研磨余量小,研磨前须经磨削、精铰或精镗。

六、套筒类零件的加工工艺分析

大多数套类零件加工的关键主要是围绕着如何保证内孔与外圆表面的同轴度、端面与其轴线的垂直度,相应的尺寸精度、形状精度和套筒零件的厚度薄易变形的工艺特点来进行的。在零件的加工顺序上,采用先主后次的原则来处理两种情况:

第一种情况:粗加工外圆—粗、精加工内孔—最终加工外圆。这种方案适用于外圆表面,是最重要表面的套筒类零件的加工方法之一。

第二种情况:粗加工内孔—粗、精加工外圆—最终精加工内孔。这种方案适用于内孔表面,也是最重要表面的套筒类零件的加工方法之一。

套筒类零件内外表面的同轴度以及端面与孔轴线的垂直度一般均有较高要求,为保证这些要求通常采用下列方法。

①在一次装夹中,完成内外表面及其端面的全部加工,可消除工件的装夹误差并获得很高的相互位置精度。但由于工序较集中,对尺寸较大的长套装夹不方便,故多用于尺寸较小轴套的车削加工。

②主要表面的加工分在几次装夹中进行,这种方法内孔与外圆互为基准,反复加工,每一工序都为下一工序准备了精度更高的定位基面,因而可得到较高的相互位置精度。

套筒类零件的工艺特点是孔的壁厚较薄,在切削加工中常由于夹紧力、切削力、内应力等因素的影响而产生变形,为此应注意以下几点。

①为减少切削力和切削热的影响,粗、精加工应分开进行。

②为减少夹紧力的影响,将径向夹紧改为轴向夹紧;如果需径向夹紧时,则应尽可能增大夹紧部位的面积,使径向夹紧力均匀,多用过渡套或弹簧套夹紧工件或做出工艺凸缘来增加刚性。

③为减小热变形引起的误差,热处理工序应安排在粗、精加工阶段之间。套筒类零件热处理后,一般产生较大变形,应注意适当放大精加工余量,以便热处理引起的变形在精加工中予以消除。

任务二　套筒类零件加工工艺编制

一、液压缸加工工艺过程分析

1. 工艺分析

以典型套筒类零件液压缸为例,对其加工工艺过程进行分析。如图 3 - 2 所示,为保证活塞在缸内顺利运动,液压缸内孔圆柱度误差不大于 $\phi0.04$ mm;内孔轴线的直线度误差不大于 0.15 mm;内孔轴线与端面垂直度误差不大于 0.03 mm;内孔对两端支承外圆($\phi82h6$)的同轴度公差为直径 0.04 mm。

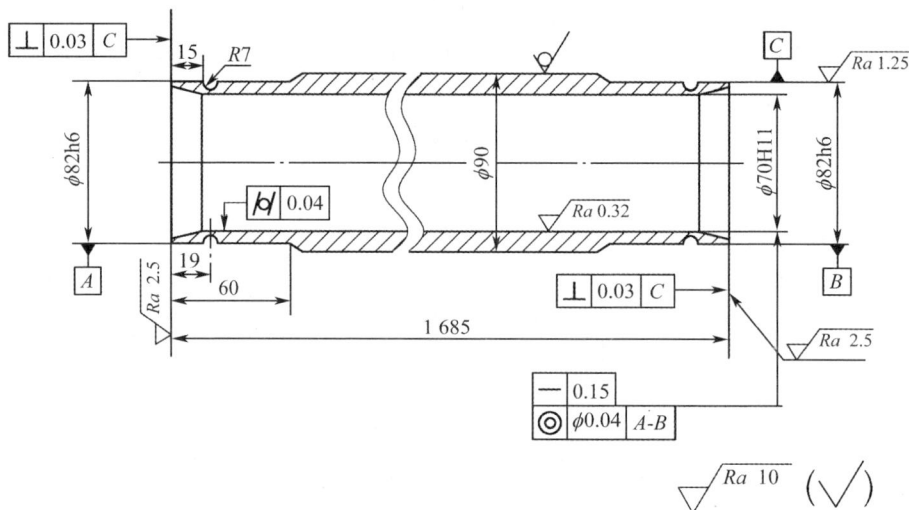

图 3 - 2　液压缸结构图

2. 确定毛坯

液压缸的材料一般有铸铁和无缝钢管两种。若选择铸铁材料,则要求其组织致密,不得有砂眼、针孔及疏松缺陷,必要时应用泵进行压力检测。由于生产批量为小批量,故选用无缝钢管。

3. 工艺路线拟定

①长套筒零件的加工中,为保证内、外圆的同轴度,在加工外圆时,一般与空心主轴的安装相似,即以孔的轴线为定位基准,用双顶尖顶孔口棱边或一头夹紧一头用顶尖顶孔口;加工孔时,与深孔加工相同,一般采用夹一头,另一头用中心架托住外圆的方式,作为定位基准的外圆表面应为已加工表面,以保证基准精确。

②该液压缸零件孔的尺寸精度要求不高,但为保证活塞与内孔的相对运动顺利,对孔的形状精度要求较高,表面质量要求较高。因而终加工采用滚压以提高表面质量,精加工采用镗孔和浮动铰孔以保证较高的圆柱度和孔的直线度要求。由于毛坯采用无缝钢管,毛坯精度高,加工余量小,加工内孔时,可直接进行半精镗。

③该液压缸壁薄,采用径向夹紧易变形。但由于其轴向长度大,加工时需要两端支承,因此经常要装夹外圆表面。为使外圆受力均匀,先在一端外圆表面上加工出工艺螺纹,使

下面的工序都能通过工艺螺纹夹紧外圆。当终加工完孔后,再车去工艺螺纹,达到外圆要求的尺寸。

二、加工工艺过程的制定

液压缸加工工艺过程见表 3 – 1。

表 3 – 1　液压缸加工工艺过程

序号	工序名称	工序内容	定位与夹紧
1	下料	切断无缝钢管,使其长度为 1 692 mm	
2	车	(1)车 ϕ82 mm 的外圆至 ϕ88 mm,并车工艺螺纹 M88 × 1.5	三爪夹一端外圆,大头顶尖顶另一端孔
		(2)车端面及倒角	三爪夹一端外圆,搭中心架托 ϕ88 mm 处
		(3)调头车 ϕ82 mm 的外圆至 ϕ84 mm	三爪夹一端外圆,大头顶尖顶另一端孔
		(4)车端面及倒角,取总长 1 686 mm	三爪夹一端外圆,搭中心架托 ϕ84 mm 处
3	深孔堂	(1)半精镗孔至 ϕ68 mm	一端用 M88 × 1.5 工艺螺纹固定在夹具上,另一端搭中心架
		(2)精镗孔至 ϕ69.85 mm	
		(3)精校至 ϕ70 ± 0.02,表面粗糙度 Ra 1.6 μm	
4	滚压孔	用滚压头滚压孔至 ϕ70H11,表面粗糙度 Ra 0.2 μm	一端用工艺螺纹固定在夹具上,另一端搭中心架
5	车	(1)车去工艺螺孔,车 ϕ82h6 至尺寸,割 $R7$ 槽	软爪夹一端,以孔定位顶另一端
		(2)镗内锥孔及车端面	软爪夹一端,中心架托另一端(百分表找正孔)
		(3)调头,车 ϕ82h6 至尺寸,割 $R7$ 槽	软爪夹一端,顶另一端
		(4)镗内锥孔及车端面取总长 1 685 mm	软爪夹一端,中心架托另一端(百分表找正孔)

大国工匠:单手焊接坚固铁骑

项目四 箱体类零件加工工艺的编制

任务一 箱体类零件概述

一、箱体类零件的功用与特点

箱体是机器的基础零件。其功用主要是将机器或部件中的一些轴、套和齿轮等零件连接成一个整体,并使之保持正确的相互位置,以传递转矩或改变转速来完成规定的运动。因此,箱体的加工质量,直接影响机器的性质、精度和寿命。箱体类零件的结构形状多种多样,常见的有各种机床主轴箱、车床进给箱、车辆变速箱、分离式减速箱及各种泵壳等,如图4-1所示。

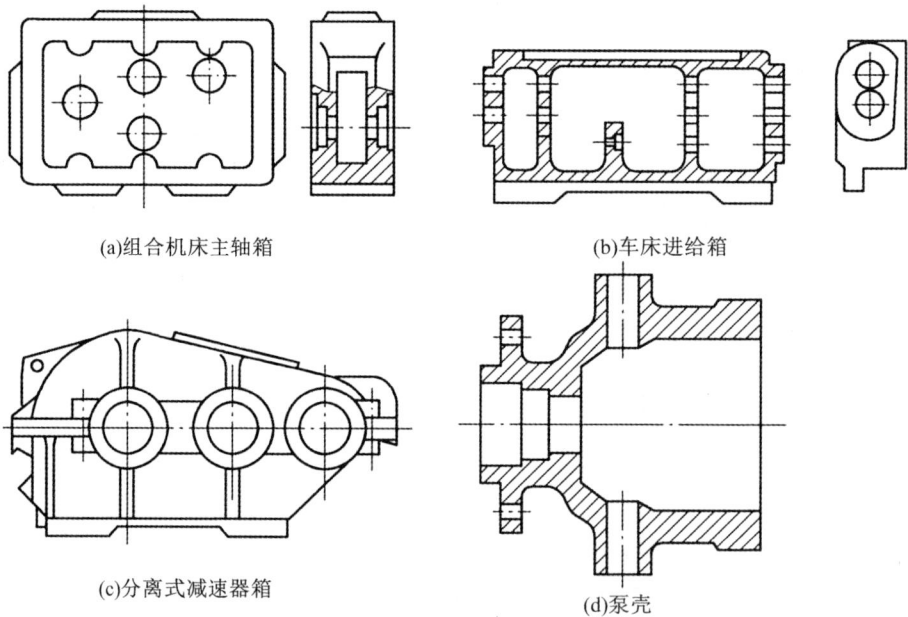

(a)组合机床主轴箱

(b)车床进给箱

(c)分离式减速器箱

(d)泵壳

图4-1 几种箱体结构简图

虽然箱体类零件的结构形状随着机器的结构和箱体在机器中的功用不同而变化,但仍有许多共同的特点:结构形状一般都比较复杂,且壁厚不均匀,内部呈腔形;在箱壁上既有许多精度较高的轴承支承孔和平面需要加工,也有许多精度较低的紧固孔需要加工。因此,箱体类零件不仅需要加工的部位较多,而且加工的难度也较大。

二、箱体类零件的主要技术要求

箱体类零件的技术要求主要是对孔和平面的精度及表面粗糙度的要求。其中机床主轴箱精度要求较高,现以其为例,可归纳为以下五项精度要求。

1. 孔径精度

箱体上的孔大都是轴承支承孔,孔径的尺寸误差和几何形状误差会造成轴承与孔的配合不良。孔径过大,配合过松,轴的回转轴线不稳定,并降低支承刚度,易产生振动和噪声;孔径过小,会使配合过紧,轴承将因外圈变形而不能正常运转,缩短寿命。孔的圆度误差,也使轴承外圈变形而引起轴的径向跳动。所以孔的精度要求是较高的,一般主轴孔的尺寸公差等级为 IT6,其余孔为 IT6 ~ IT7。孔的几何形状精度也有一定的要求。

2. 孔和孔的位置精度

包括孔系的同轴度、平行度和垂直度要求。同轴度误差会使轴和轴承装配到箱体内出现歪斜,从而造成轴的径向跳动和轴向窜动,也加剧了轴承的磨损。平行度和垂直度误差会影响齿轮的啮合质量。

3. 孔与平面的位置精度

主要孔和主轴箱安装基面的平行度要求,决定了主轴与床身导轨的相互位置关系。这项精度是在总装时通过刮研来达到的。为了减少刮研工作量,一般都要规定主轴轴线对安装基面的平行度公差,另外,孔的轴线对端面的垂直度也有一定的要求。

4. 主要平面的精度

装配基面的平面度影响主轴箱与床身连接时的接触刚度,加工过程中作为定位基面则会影响主要孔的加工精度。因此规定底面和导向面必须平行,用涂色法检查接触面积或单位面积上的接触点数来衡量平面度的高低。顶面的平面度要求是为了保证箱盖的密封性,防止工作时润滑油泄出。当大批量生产将其顶面用作定位基面加工孔时,对它的平面度要求还要提高。

5. 表面粗糙度

主要孔和主要平面的表面粗糙度会影响连接面的配合性质或接触刚度,其具体要求一般用 Ra 值来评价。一般主轴孔 Ra 0.4 ~ 0.8 μm,其他各纵向孔 Ra 1.6 μm,孔的内端面 Ra 3.2 μm,装配基面和定位基面 Ra 0.63 ~ 2.5 μm,其他平面的 Ra 2.5 ~ 10 μm。

三、箱体类零件的毛坯及其热处理

1. 毛坯

箱体毛坯的制造方法一般有两种,一种是铸造,另一种是焊接。

金属切削机床的箱体,由于其形状比较复杂,而铸造具有成形容易、可加工性好、吸振性好、成本低等优点,所以一般都选用铸铁材料。箱体材料一般选用 HT200 ~ 400 的各种牌号的灰铸铁,最常用的为 HT200。此外,精度要求较高的坐标镗床主轴箱选用耐磨铸铁,负荷大的主轴箱也可采用铸钢件。

单件生产的或某些简易机床的箱体,为了缩短生产周期、降低生产成本,可采用钢材焊接结构。

毛坯的加工余量与生产批量、毛坯尺寸、结构、精度和铸造方法等因素有关,有关数据可查有关资料及根据具体情况确定。

2. 热处理

箱体浇注后应安排退火工序或人工时效处理,以消除残留应力,减少加工后的变形和保证精度的稳定。在加工过程中,对有较高要求的箱体类零件可多次安排人工时效处理;对于特别精确的箱体如坐标镗床主轴箱,还应安排较长时间的自然时效。对于人工时效处理的方法,除加热保温外,也可采用振动时效。

四、箱体类零件的平面加工

箱体平面的加工,常用的方法为刨削、铣削和磨削三种。

如图4-2所示给出了铣削和磨削的加工简图。刨削和铣削常用作平面的粗加工和半精加工,而磨削则用作平面的精加工。

刨削加工的特点是刀具结构简单,机床调整方便,但在加工较大平面时,生产率较低,主要适用于单件小批量生产。而在龙门刨床上可以利用几个刀架,在一次装夹中可以同时进行或依次完成若干个表面的加工,从而能经济地保证这些表面间相互位置精度要求。另外,精刨还可以代替刮削,精刨后的表面粗糙度 Ra 可达 $0.63 \sim 2.5$ μm,平面度可达 0.002 mm/m。

铣削加工的生产率高于刨削,在中批量以上生产中多用铣削加工平面,当加工尺寸较大的箱体平面时,常在多轴龙门铣床上用几把铣刀同时加工几个平面。这样既能保证平面间的相互位置精度,同时又提高了生产率。

磨削加工中平面磨削的加工质量比刨削、铣削都高。磨削表面的粗糙度 Ra 可达 $0.32 \sim 1.25$ μm。生产批量较大时,箱体的主要平面常用磨削来精加工。为了提高生产率和保证平面间的相互位置精度,还可采用组合磨削来精加工平面。

刨削

铣削

磨削

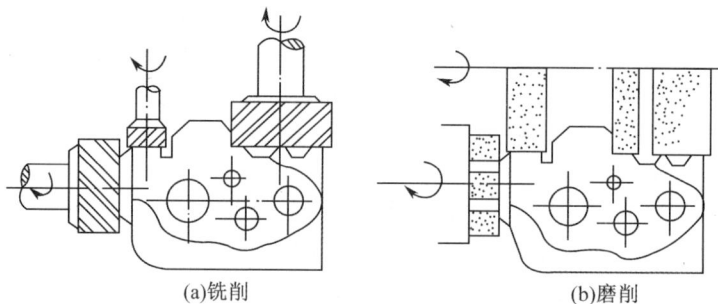

(a)铣削   (b)磨削

图4-2　箱体平面加工

五、箱体类零件的孔系加工

箱体上一系列有相互位置精度要求的孔的组合,称为孔系。孔系分为平行孔系、同轴孔系和交叉孔系,孔系加工中不仅孔本身的精度要求较高,而且孔距精度和相互位置精度的要求也高,因此孔系加工是箱体加工的关键。

1. 平行孔系的加工

平行孔系是指孔的轴线互相平行且孔距也有精度要求的孔系。其主要技术要求是:保证各个平行孔轴心线之间及轴心线与基面之间的尺寸精度和位置精度。加工过程中常采用以下三种方法。

镗削

（1）找正法

找正法是在通用机床（铣床、镗床）上利用辅助工具找正要加工孔的正确位置的加工方法。这种方法加工效率低，一般只适用于单件小批量生产。根据找正方法的不同，找正法又可分为以下几种。

①画线找正法。加工前按零件图要求在箱体毛坯画出各孔加工位置线，加工时按画线找正进行加工。这种方法画线找正时间较长，生产效率低，加工出来的孔距精度也一般在0.5～1 mm。为了提高画线找正精度，往往可以结合试切法同时进行，即先按画线找正镗出一孔，再按线将主轴调至第二个孔的中心，试镗出一个比图样要小的孔，若不符合图样要求，则根据测量结果更新调整主轴的位置，再进行试镗、测量、调整，如此反复几次，直至达到要求的孔距尺寸。此法虽比单纯的按线找正所得到的孔距精度高，但总的来说孔距精度仍然较低，且操作的难度较大，生产率低，仅适用于单件小批量生产。

②心轴和块规找正法。如图4-3所示，将精密心轴插入主轴孔内（或直接利用镗床主轴），然后根据孔和定位基准的距离组合一定尺寸的块规来校正主轴位置。校正时用塞尺测定块规与心轴之间的间隙，以避免块规与心轴直接接触而损伤块规。镗第二排孔时，分别在机床主轴和加工孔中插入心轴，采用同样的方法来校正主轴线的位置，以保证孔心距的精度。这种找正法的孔心距精度可达 ±0.03 mm。

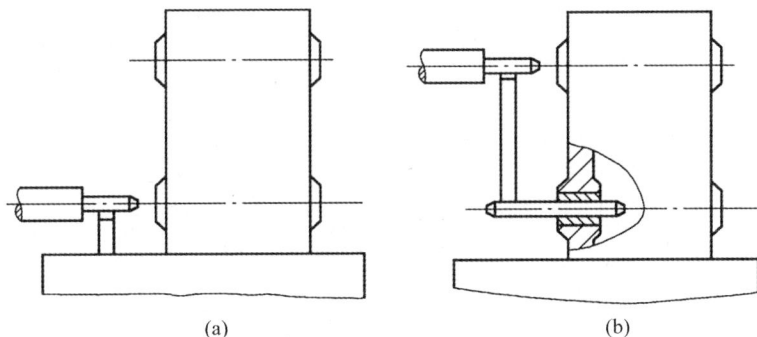

(a)　　　　　　　　　　　(b)

图4-3　心轴和块规找正法

③样板找正法。如图4-4所示，用10～20 mm厚的钢板制造样板，装在垂直于各孔的端面上（或固定于机床工作台上）。样板上的孔距精度较箱体孔系的孔距精度高（一般为±0.01～±0.03 mm），样板上的孔径较工件孔径大，以便于镗杆通过。样板上孔径尺寸精度要求不高，但要有较高的形状精度和较低的表面粗糙度。当样板准确地装到工件上后，在机床主轴上装一百分表，按样板找正机床主轴。找正后，即换上镗刀加工。此法加工孔系不易出差错，找正方便，孔距精度可达±0.05 m，这种样板成本低，仅为镗模成本的1/9～1/7，单件小批量的大型箱体加工常用此法。

（2）镗模法

镗模法即利用镗模夹具加工孔系。如图4-5所示，镗孔时，工件装夹在镗模上，镗杆被支承在镗模的导套里，增加了系统刚性。这样，镗刀便通过模板上的孔将工件上相应的孔加工出来，机床精度对孔系加工精度影响很小，孔距精度主要取决于镗模的制造精度，因而可以在精度较低的机床上加工出精度较高的孔系。当用两个或两个以上的支承来引导镗杆时，镗杆与机床主轴必须浮动连接。镗模法加工孔系时镗杆刚度大大提高，定位夹紧迅速,节省了调整、找正的辅助时间,生产率高,是中批量生产、大批大量生产中广泛采用的加工方法。但由于镗模自身存在制造误差,导套与镗杆之间存在间隙与磨损,所以孔距的精度一般可达 ±0.05 mm,同轴度和平行度从一端加工时可达 0.02 ~ 0.03 mm;分别从两端加工时可达 0.04 ~ 0.05 mm。此外,镗模的制造要求高、周期长、成本高,大型箱体较少采用镗模法。

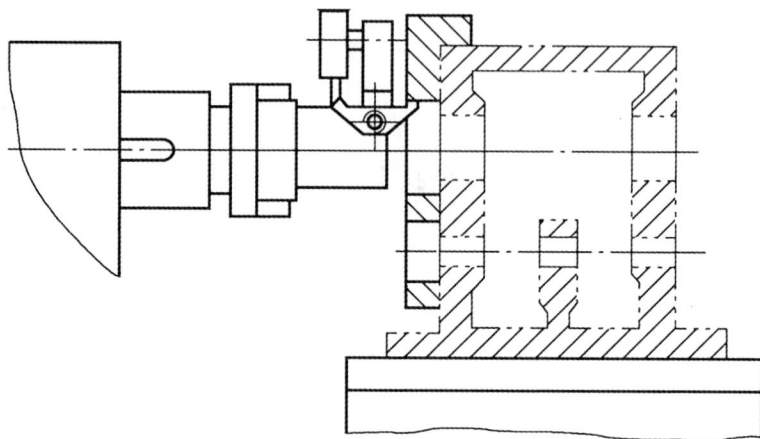

图 4-4   样板找正法

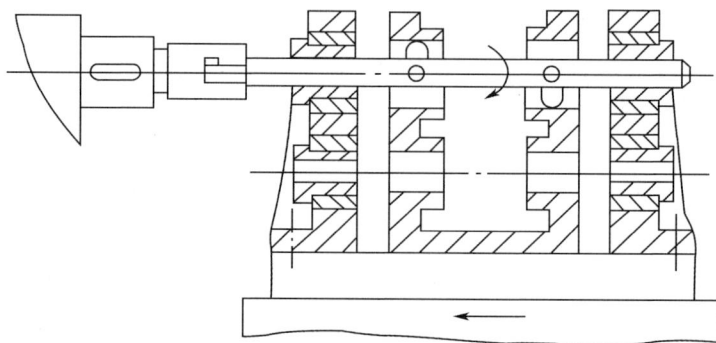

图 4-5   在组合机床上用镗模夹具加工孔系

（3）坐标法（数控加工法）

传统坐标法镗孔是先将被加工孔系间的孔距尺寸换算为两个相互垂直的坐标尺寸,并按此坐标尺寸,在卧式镗床、坐标镗床等设备上,借助测量装置,调整机床主轴与工件间在水平和垂直方向的相对位置,来保证孔距精度的一种镗孔方法。但是近几年随着数控加工设备大量替代普通设备,大型数控加工中心、数控龙门铣床的应用,大大简化了孔系的加工,成为当前主要应用的加工方法。

采用此法进行镗孔,不需要专用夹具,通用性好,适用于各种箱体类零件加工。采用坐标法镗孔之前,必须把各孔距尺寸及公差借助三角几何关系及工艺尺寸链规律换算成以主轴孔中心为原点的相互垂直的坐标尺寸及公差,具体计算方法可参阅有关参考资料。目前许多工厂编制了主轴箱传动轴坐标计算程序,用计算机很快即可完成该项工作。

2. 同轴孔系的加工

（1）利用已加工孔支承导向

如图 4－6 所示，当箱体前壁上的孔加工好后，在孔内装导向套，支承和引导镗杆加工后壁上的孔，以保证两孔的同轴度要求。此法适合加工箱壁上距离较近的孔。

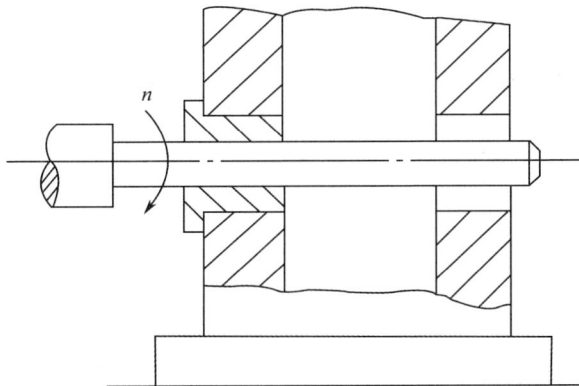

图 4－6　利用已加工孔支承导向

（2）利用镗床后立柱上的导向套支承导向

这种方法其镗杆两端支承刚度好。但后立柱导套的位置调整麻烦、费时，往往需要用心轴量块找正，且需要用较长的镗杆，故多用于大型箱体的加工。

（3）采用调头镗

当箱体壁相距较远时，宜采用调头镗法。即工件在一次装夹下，先镗好一端孔后，将工作台回转 180°，再加工另一端的同轴线孔。这种方法不用夹具和长刀杆，准备周期短；镗杆悬伸长度短，刚度好；但需要调整工作台的回转误差和调头后主轴应处的正确位置，比较麻烦又费时，对于工人技术水平要求高，多适用于单件小批量生产。

调头镗对工件的校正

3. 交叉孔系的加工

交叉孔系加工的主要技术要求是控制有关孔轴线的垂直度。成批量生产中一般采用镗模，孔轴线的垂直度主要靠镗模来保证。单件小批量生产中，在普通镗床上主要靠找正方法或者依靠机床工作台上的 90° 对准装置，因为它是挡铁装置，结构简单，但对准精度要求较低。目前企业主要采用数控铣镗床及加工中心来加工箱体的交叉孔系，加工精度易于保证。

交叉孔系找正

六、箱体类零件的加工工艺分析

箱体类零件的结构复杂，加工部位多，根据批量大小和工厂的实际条件，其加工方法各有不同，但是有一些共性原则。

1. 加工顺序为先面后孔

以加工好的平面定位，再来加工孔。因为箱体的孔比平面加工困难得多，先以孔为粗基准加工平面，再以平面为精基准加工孔。这样不仅为孔的加工提供了稳定可靠的精基准,同时可使孔的加工余量较为均匀;由于箱体上的孔大都分布在箱体的平面上,先加工平面,切除了铸件表面的凹凸不平和夹砂等缺陷,对孔的加工较为有利;钻孔时,可减少钻头引偏;扩孔或铰孔时,可防止刀具崩刃;对刀调整也比较方便。

2. 加工阶段粗、精分开

因为箱体结构复杂,壁厚不均,刚性不好,加工精度要求又高,所以箱体重要加工表面都要划分粗、精加工两个阶段,这样可以避免粗加工产生的内应力和切削热等对加工精度的影响,也可以及时发现毛坯缺陷,避免更大的浪费。粗加工考虑的主要是效率,精加工考虑的主要是精度,这样可以根据不同的要求,合理选择机床。粗加工选择功率大而精度较差的机床,精加工选择精度高的机床,可延长高精度机床的使用寿命,提高经济效益。单件小批量生产的箱体或大型箱体的加工,如果从工序上也安排粗、精分开则机床夹具要增加,工件转运也费时费力,为此可将粗、精加工在一道工序内完成。但从工步上讲,粗、精加工还是分开的,即在粗加工后将工件松开一点,然后再用较小的夹紧力夹紧工件,使工件因夹紧力而产生的弹性形变在精加工前得以恢复。

3. 安排合理的热处理工序

由于箱体结构复杂,壁厚不均,铸造应力较大,为了消除残余应力,减少加工后的变形,保持精度的稳定,铸造后要安排人工时效处理。对一些高精度的箱体或形状特别复杂的箱体,在粗加工之后还要安排一次人工时效处理,以消除粗加工所造成的残余应力,进一步提高箱体加工精度的稳定性。

任务二　箱体类零件加工工艺编制

一、主轴箱加工工艺过程分析

如图 4-7 所示,以箱类零件主轴箱为例,对其加工工艺过程进行分析。

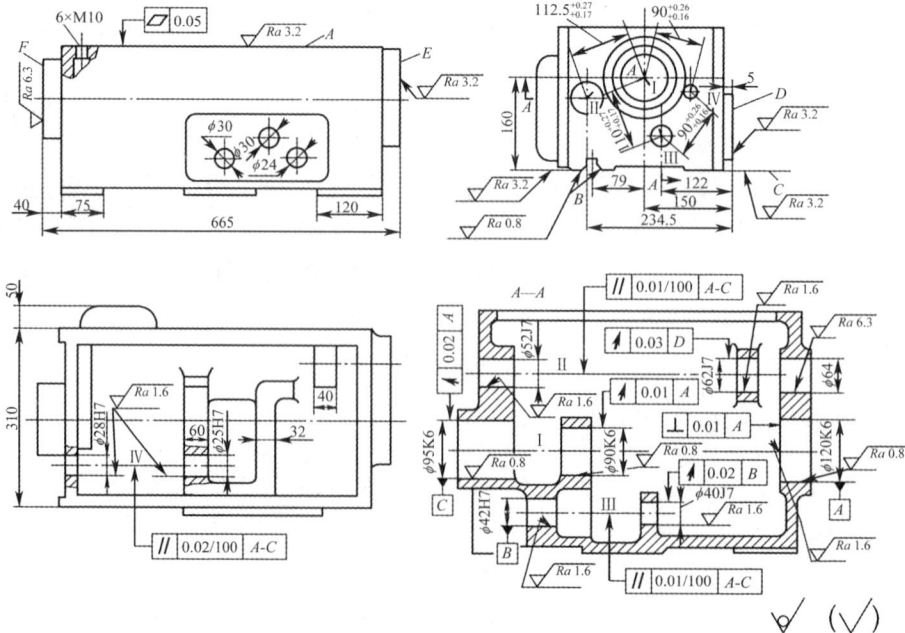

图 4-7　主轴箱

1. 主轴箱箱体的结构工艺性分析

该主轴箱箱体的基本孔为通孔,无阶梯孔、不通孔和交叉孔,通孔工艺性很好。该主轴箱箱体主轴Ⅰ—Ⅰ处同轴孔系的直径大小从两边向中间递减,可使刀柄从两边进入,这样不仅缩短了镗杆长度,提高了镗杆的刚性,而且为双面同时加工创造了条件。其余同轴线上孔的直径分布形式为外壁的孔径大于中间壁上的孔径。加工这种孔系时,加工可连续进行,结构工艺性也很好。箱体的装配基面尺寸比较大,形状也很简单。

2. 主要加工方法的选择

箱体主要加工表面有平面和轴承支承孔。主要平面的加工,对于中、小件,一般在牛头刨床或普通铣床上进行。对于大件,一般在龙门刨床或龙门铣床上进行。刨削的刀具结构简单,机床成本低,调整方便,但生产率低;在大批大量生产时,多采用铣削;当生产批量大且精度要求又较高时,可采用磨削。单件小批量生产精度较高的平面时,除一些高精度的箱体仍需手工刮研外,一般采用宽刃精刨。当生产批量较大或为保证平面间的相互位置精度时,可采用组合铣削和组合磨削。该主轴箱箱体的平面要求相对较高,平面度公差为0.05 mm,表面粗糙度Ra 3.2 μm,精加工可以选择磨削,粗加工选择铣削。

箱体支承孔的加工,对于直径小于ϕ50 mm 的孔,一般不铸出,可采用钻—扩(或半精镗)—铰(或精镗)的方案。对于已铸出的孔,可采用粗镗—半精镗—精镗(用浮动镗刀片)的方案。由于主轴轴承孔精度和表面质量要求比其余轴孔高,所以,在精镗后,还要用浮动镗刀片进行精细镗。对于箱体上的高精度孔,最后精加工工序也可采用珩磨、滚压等工艺方法。

该主轴箱箱体的主轴支承孔的尺寸公差等级为IT6,表面粗糙度Ra 0.8 μm,其余支承孔的尺寸公差等级为IT7,表面粗糙度Ra 1.6 μm。根据加工要求,精加工选择精镗削,粗加工因为毛坯是铸件,故选择粗镗。

安排主轴箱箱体零件的工艺路线时,应遵循先面后孔、粗精分开的原则,并且在铸造后安排时效工序,以消除残余应力。

2. 定位基准的选择

(1)粗基准的选择

虽然箱体类零件一般都选择重要孔(如主轴孔)为粗基准,但随着生产类型不同,实现以主轴孔为粗基准的工件装夹方式是不同的。

①中小批生产时,由于毛坯精度较低,一般采用画线装夹,其方法如下:如图4-8所示,首先将箱体用千斤顶安放在平台上,调整千斤顶,使主轴孔和A面与台面基本平行,D面与台面基本垂直,根据毛坯主轴孔画出主轴孔的水平轴线Ⅰ—Ⅰ和A面、C面的加工线,并检查所有加工部位在水平方向上的加工余量。然后将箱体翻转90°,D面一端置于千斤顶上,调整千斤顶,使Ⅰ—Ⅰ线与台面垂直,根据毛坯主轴孔并考虑各加工部位在垂直方向的加工余量,画出主轴孔的垂直轴线Ⅱ—Ⅱ及D面加工线。再将箱体翻转90°,E面一端置于千斤顶上,调整千斤顶,使Ⅰ—Ⅰ线、Ⅱ—Ⅱ线与台面垂直,画出F面的加工线。加工箱体平面时,按线找正装夹工件。这样就体现了以主轴孔为粗基准。

②大批大量生产时,毛坯精度较高,可直接以主轴孔在夹具上定位,采用图4-9所示的夹具装夹。装夹时,先将工件放在支承1,3,5上,使箱体侧面靠紧支架4,箱体一端靠住挡销6,这就完成了预定位。此时将液压控制的两短轴7伸入主轴孔中,每个短轴上的三个活动支柱8分别顶住主轴孔内的毛坯面,将工件抬起,离开支承1,3,5,使主轴孔轴线与夹具

的两短轴轴线重合,这时主轴孔即为定位基准。为了限制工件绕两短轴转动的自由度,在工件抬起后,调节两可调支承10,通过样板校正,使箱体顶面基本成水平。再调节辅助支承2,使其与底面接触,以增加箱体的刚度。然后再将液压控制的两夹紧块11伸入箱体两端孔内压紧工件,即可进行加工。

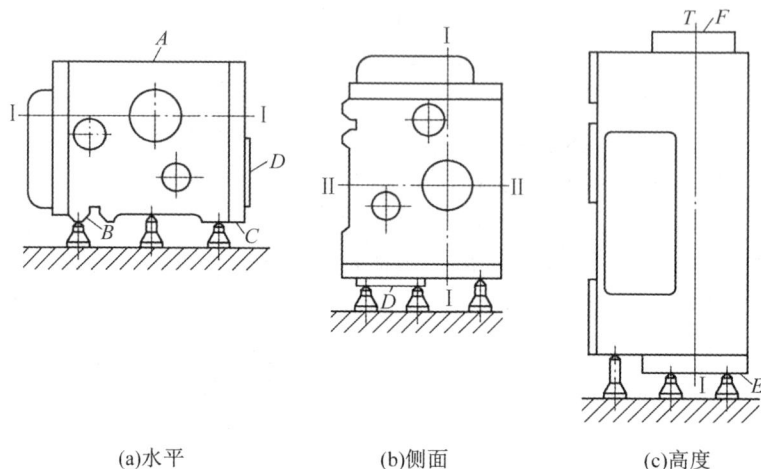

(a)水平   (b)侧面   (c)高度

图 4 - 8   主轴箱的画线

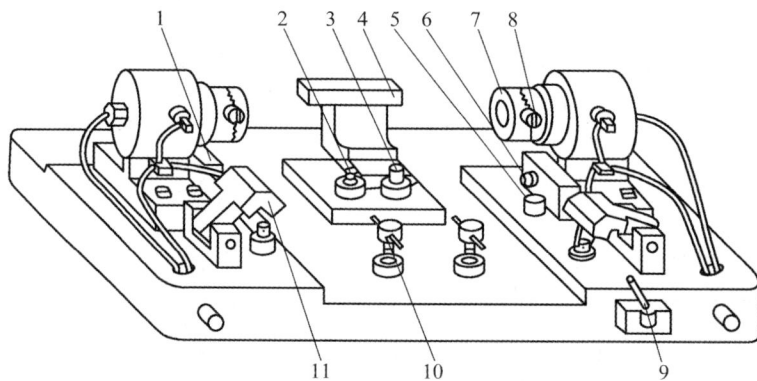

1,3,5—支承;2—辅助支承;4—支架;6—挡销;7—短轴;8—活动支柱;
9—手柄;10—可调支承;11—夹紧块。

图 4 - 9   以主轴孔为粗基准铣顶面的夹具

(2)精基准的选择

精基准的选择也与生产批量大小有关。

①单件小批量生产用装配基准作为定位基准。如图 4 - 7 所示,某车床主轴箱单件小批量加工孔系时,选择箱体底面导轨 B、C 面作为定位基准。B、C 面既是主轴箱的装配基准,又是主轴孔的设计基准,并与箱体的两端面、侧面及各纵向孔在相互位置上有直接联系,故选择 B、C 面作为定位基准,可以消除主轴孔加工时的基准不重合误差。此外,用 B、C 面定位稳定、可靠,装夹误差少,加工各孔时,由于箱口朝上,更换导向套、安装调整刀具、观察、测量等都很方便。这种定位方式也有不足之处,加工箱体中间壁上孔时,为提高刀具系统

的刚度,应设置刀杆的支承和导套。由于箱体底部是封闭的,中间支承只能用如图4-10所示的吊架从箱体顶面的开口处伸入箱体内,每加工一件需装卸一次,容易产生误差且使辅助工时增加,因此这种定位方式只适用于单件小批量生产。

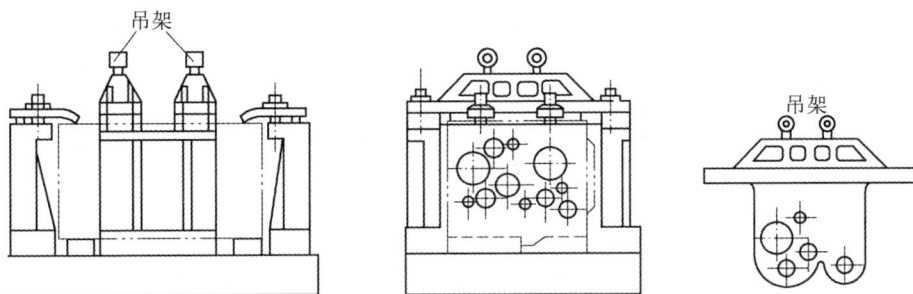

图4-10 吊架式镗模具

②批量大时采用顶面及两个销孔作为定位基准。如图4-11所示,这种定位方式,加工时箱体口朝下,中间导向支承架可以紧固在夹具体上,提高夹具刚度,有利于保证各支承孔加工的相互位置精度。同时工件装卸方便,减少了辅助工时,提高了生产效率。

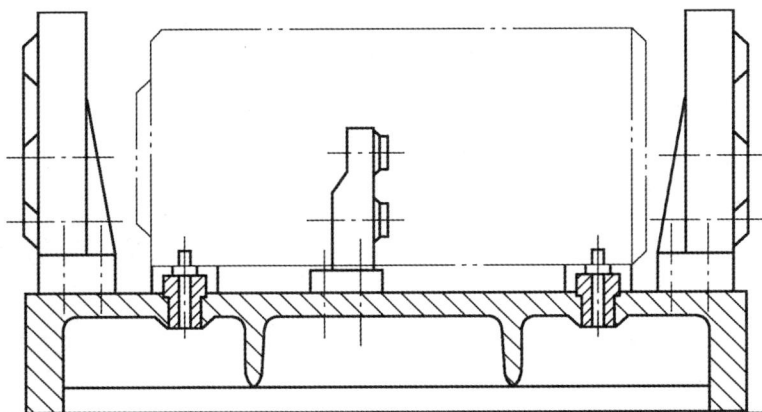

图4-11 用箱体顶面及两销定位的镗模

这种定位方式的不足之处在于定位基准与设计基准不重合,产生了基准不重合误差。为了保证箱体的加工精度,必须提高作为定位基准的箱体顶面和两定位销孔的加工精度。另外,由于箱口朝下,加工时不便于观察各表面的加工情况,因此不能及时发现毛坯是否有砂眼、气孔等缺陷,而且加工中不便于测量和调刀。所以,用箱体顶面和两定位销孔作为精基准加工时,必须采用定径刀具(扩钻孔和铰刀等)。

二、箱体类零件加工工艺过程的制定

箱体类零件加工工艺过程见表4-1。

表4-1　箱体类零加工工艺过程

序号	工作内容	定位基准
1	铸造	
2	时效	
3	涂底漆	
4	铣顶面	孔 I 与 II
5	钻,扩,铰 2×ϕ8H7 工艺孔(将 6×M10 先钻点 ϕ7.8. 铰 2×ϕ8H7)	顶面 A 及外形
6	铣两端面 E、F 及前面 D	顶面 A 及两工艺孔
7	铣导轨面 B、C	顶面 A 及两工艺孔
8	磨顶面入	导轨面 B、C
9	粗镗各纵向孔	顶面 A 及两工艺孔
10	精镗各纵向孔	顶面 A 及两工艺孔
11	精镗主轴孔 I	顶面 A 及两工艺孔
12	加工横向孔及各次要孔	
13	磨导轨面 B、C 及前面 D	顶面 A 及两工艺孔
14	将 2×ϕ8H7 及 4×ϕ7.8 均扩孔至 ϕ8.5,攻 6×M10	
15	清洗,去毛刺	
16	检验	

大国工匠:为导弹铸造"外衣"

项目五　齿轮零件加工工艺的编制

任务一　齿轮零件概述

一、齿轮的特点

齿轮的功用是按一定的速比传递运动和动力。齿轮因其在机器中的功用不同而结构各异,可以把它们看成是由齿圈和轮体两部分构成的。渐开线圆柱齿轮在齿轮中占有极大的比例。

在机器中,圆柱齿轮常见结构形式如图5-1所示。其中图5-1(a)、(b)、(c)所示为盘类齿轮;图5-1(d)所示为套类齿轮;图5-1(e)所示为内齿轮;图5-1(f)所示为轴类齿轮;图5-1(g)所示为扇形齿轮,它是齿圈不完整的圆柱齿轮;图5-1(h)所示为齿条,它是齿圈半径无限大的圆柱齿轮。齿圈的结构形状和位置是评定齿轮结构工艺性能的重要指标。一个圆柱齿轮可以有一个或几个齿圈,图5-1(a)所示为普通的单齿圈齿轮,其工艺性最好;图5-1(b)、(c)所示为双联和三联齿轮,由于在台肩面附近的小齿圈不便于刀具或砂轮切削,所以加工方法受到限制,一般只能采用插齿加工。如果小齿圈精度要求高,则需要进行精滚或磨齿加工;在设计上又不允许加大轴向距离时,可把此多齿圈齿轮做成单齿圈齿轮的组合结构,以改善它的工艺性能。

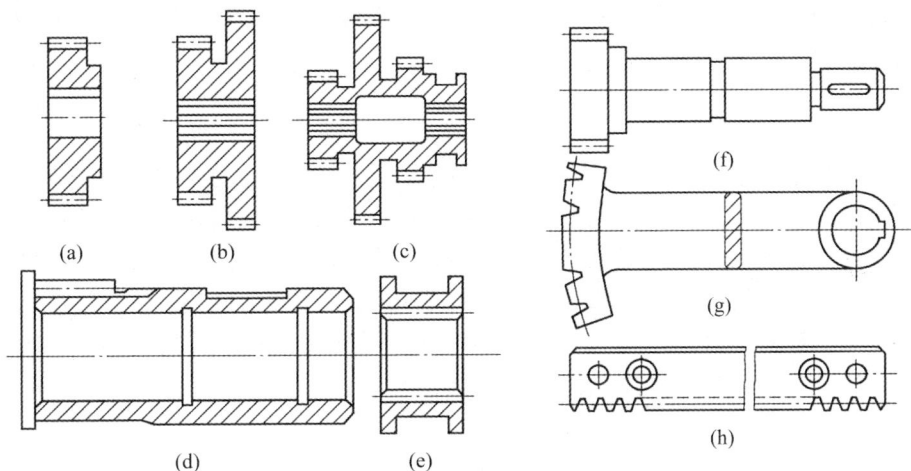

图5-1　圆柱齿轮常见结构形式

二、齿轮及齿坯的技术要求

1. 齿轮的技术要求

齿轮本身的制造精度对整个机器的工作性能、承载能力及使用寿命都有很大影响。根

据齿轮的使用条件,齿轮传动有以下几方面的要求:

(1)运动传递准确

即主动轮转过一个角度时,从动轮应按给定的传动比转过相应的角度。

(2)工作平稳

要求齿轮传动平稳,无冲击,振动和噪声小,因此必须限制齿轮转动时的瞬时传动比,也就是要限制较小范围内的转角误差。

(3)接触良好

齿轮载荷主要由齿面承受,两齿轮配合时,接触面积的大小对齿轮的使用寿命影响很大。因此齿轮在传递动力时,为不因接触不均匀而使接触应力过大,引起齿面过早磨损,就要求齿轮工作时齿面接触均匀,并保证有一定的接触面积和要求的接触位置。

(4)齿侧间隙适当

一对相互配合的齿轮,其非工作面必须留有一定的间隙,即齿侧间隙,其作用是存储润滑油,减少磨损,同时可以补偿由温度、弹性变形以及齿轮制造和装配所引起的间隙减小,防止卡死。但是齿侧间隙也不能过大,对于要求正、反转的分度齿轮,侧隙过大就会产生过大的空程,使分度精度降低,故应根据齿轮副的工作条件确定合理的齿侧间隙。根据齿轮传动的工作条件对精度的不同要求,我国国家标准 GB/T 10095.1—2008 对齿轮和齿轮副规定了 12 个精度等级,其中 1 级精度最高,12 级精度最低。

2. 齿坯的技术要求

齿坯的要求条件包括对定位基面的技术要求、对齿顶外圆的要求和对齿坯支承端面的要求。齿坯的内孔和端面是加工齿轮时的定位基准和测量基准,在装配中又是装配基准,所以它的尺寸精度、形状精度及位置精度要求较高。定位基面的形状误差和尺寸误差将引起安装间隙,造成齿轮的几何偏心;表面质量达不到要求时,经过加工过程中定位和测量的反复使用容易引起磨损,将影响定位基面的精度。

三、齿轮的材料及其热处理

1. 齿轮的材料

齿轮的材料一般有锻钢、铸钢、铸铁和塑料等,应按使用时的工作条件选用合适的材料,它对齿轮的可加工性和使用寿命有直接的影响。强度、硬度等综合力学性能较好的材料,如 18CrMnTi 用于低速重载场合;齿面硬度高、防疲劳点蚀的材料,如氮化钢 38CrMoAlA 用于高速重载场合;韧性好的材料,如 18CrMnTi 用于有冲击载荷的场合;不易淬火钢、铸铁、夹布塑料、尼龙等用于非传力齿轮;中碳钢(45 钢),低、中碳合金钢(20Cr、40Cr、20CrMnTi)用于一般齿轮。一般机械中常用的齿轮材料见表 5-1。

表 5-1 常用的齿轮材料

材料	热处理	布氏硬度 HBW	洛氏硬度 HRC
45 钢	正火	162~217	
	调质	217~255	
35SiMn	调质	217~269	
	表面淬火		45~55

表 5 - 1(续)

材料	热处理	布氏硬度 HBW	洛氏硬度 HRC
20Cr	渗碳淬火、回火		56 ~ 62
40Cr	调质	241 ~ 286	
	表面淬火		48 ~ 55
20CrMnTi	渗碳淬火、回火		56 ~ 62
ZG35	正火	143 ~ 197	
ZG45	正火	116 ~ 217	
ZG55		169 ~ 225	

2. 齿轮的热处理

齿轮的热处理包括齿坯的热处理和轮齿的热处理。

(1)齿坯的热处理

钢料齿坯最常用的热处理方法是正火和调质。正火是将齿坯加热到相变临界点以上 30 ~ 50 ℃,保温后从炉中取出,在空气中冷却。正火一般安排在铸造或锻造之后、切削加工之前。对于采用棒料的齿坯,正火或调质一般安排在粗车之后,这样可以消除粗车时形成的内应力。采用 38CrMoAlA 材料的齿坯调质处理后还要进行稳定化回火,即将齿坯加热到 600 ~ 620 ℃,保温 2 ~ 4 h,其作用是为氮化做好金相组织准备。

(2)轮齿的热处理

齿形加工完毕后,为提高齿面的硬度和耐磨性,应进行轮齿的热处理。常用的轮齿热处理方法有高频感应淬火、渗碳和氮化。高频感应淬火是将齿轮置于高频交变磁场中,由于感应电流的趋肤效应,齿部表面在几秒到几十秒内很快提高到淬火温度,后立即喷水冷却,形成比普通淬火硬度稍高的表层,并保持心部的强度与韧性。另外,由于高频感应淬火加热时间较短,也减少了加热表面的氧化和脱碳。渗碳是将齿轮放在渗碳介质中并在高温下保温,碳原子渗入低碳钢的表面层,使表面层增碳,因此齿轮表面具有高硬度且耐磨的特点,而心部仍保持一定的强度和较高的韧性。氮化是将齿轮置于氨中并加热,使活性氮原子渗入轮齿表面层,形成硬度很高(大于 60 HRC)的氮化物薄层。由于氮化加热温度低,并且不需要另外淬火,因此零件变形很小。氮化层还具有耐腐蚀性,所以齿轮不需要进行镀锌、发蓝等防腐蚀的化学处理。

四、齿轮轮坯的加工方法

1. 齿轮毛坯的制造

齿轮的毛坯形式有棒料、铸件和锻件。棒料用于尺寸较小、结构简单且对强度要求低的齿轮。锻件一般用于强度要求高,还要求耐磨、耐冲击的齿轮,锻造后要进行正火处理,以消除锻造应力,改善晶粒组织和可加工性。铸件用于直径大于 400 ~ 4 600 m 的齿轮,对铸钢件一般也要进行正火处理。为了减少机械加工量,小尺寸、形状复杂的齿轮毛坯通常采用精密铸造或压铸方法制造。

2. 齿坯的加工

齿形加工前的齿轮加工称为齿坯加工。齿坯加工在齿轮的整个加工过程中占有重要的位置。齿轮的内孔、端面或外圆常作为齿形加工的定位、测量和装配基准,其加工精度对整个齿轮的加工和传动精度有着重要的影响。

(1)齿坯的加工精度

齿坯加工中,主要要求保证的是基准孔(或轴颈)的尺寸精度和形状精度,以及基准端面相对于基准孔(或轴颈)的位置精度。不同精度的孔(或轴颈)的齿坯公差以及表面粗糙度等要求不同。

(2)齿坯的加工方案

对于轴类和套类齿轮的齿坯,不论其生产批量大小,都应以中心孔为齿坯加工、齿形加工和校验的基准,其加工过程一般与轴套类零件基本相同。对于盘齿类零件,如何保证孔、端面、轮齿内外圆表面的几何精度,对保证齿形加工精度具有重大影响。

①单件小批量生产的齿坯加工。一般齿坯的孔、端面及外圆的粗、精加工都在车床上经两次装夹完成,但必须注意将孔与基准端面的精加工在一次装夹中完成,以保证位置精度。

②成批生产的齿坯加工。成批生产齿坯时,经常采用"车—拉—车"的工艺方案:

a. 以齿坯外圆或轮毂定位,粗车外圆、端面和内孔;

b. 以端面定位拉孔;

c. 以孔定位精车外圆及端面等。

③大批量生产的齿坯加工。大批量生产应采用高生产率的机床和高效专用夹具。在加工中等尺寸的齿轮齿坯时,多采用"钻—拉—多刀车"的工艺方案:

a. 以毛坯外圆及端面定位进行钻孔或扩孔;

b. 拉孔;

c. 以孔定位在多刀半自动车床上粗、精车外圆、端面、车槽及倒角等。

五、齿形的加工方法

齿轮加工的关键是齿形加工。目前,齿形加工的主要方法有刀具切削加工和砂轮磨削加工。前者由于加工效率和加工精度较高,因而是目前广泛采用的齿形加工方法;后者主要用于齿形的精加工,效率一般比较低。

当前还有热轧齿轮、冷轧齿轮、精锻、粉末冶金等新工艺用于齿形加工,这些工艺具有生产率高、材料消耗少、成本低等特点,但因其加工精度低,工艺不稳定,特别是小批量生产时难以采用,有待进一步改进。常见的齿形加工方法见表5-2。

表5-2 常见的齿形加工方法

齿形加工方法		刀具	机床	加工精度及适用范围
仿形法	成形铣齿	模数铣刀	铣床	加工精度及生产率均较低,一般精度在9级以下
展成法	滚齿	滚刀	滚齿机	通常加工6~10级精度的齿轮,生产率较高,通用性强,常用于加工直齿、斜齿的外啮合圆柱齿轮
	插齿	插齿刀	插齿机	通常加工7~9级精度的齿轮,最高能达6级,生产率较高,通用性强,常用于加工直齿、斜齿的外啮合圆柱齿轮

表 5 - 2（续）

齿形加工方法	刀具	机床	加工精度及适用范围
展成法 — 剃齿	剃齿刀	剃齿机	能加工 5~7 级精度的齿轮，生产率高，主要用于滚齿预加工后、淬火前的精加工
展成法 — 珩齿	珩齿	珩齿机或剃齿机	能加工 6~7 级精度的齿轮，多用于剃齿和高频感应淬火后齿形的精加工
展成法 — 磨齿	砂轮	磨齿机	能加工 3~7 级精度的齿轮，生产率较低，加工成本高，多用于齿形淬硬后的精密加工

1. 成形铣齿

直齿圆柱齿轮在铣床上用分度头装夹，用盘形齿轮铣刀或指状齿轮铣刀进行逐齿铣削，如图 5 - 2 所示。铣齿加工的精度较低（一般精度在 9 级以下），生产率不高，但不需要专用的齿轮加工机床，一般用于精度等级较低且为单件或小批量的生产中。齿轮铣刀是按成形法加工齿轮的刀具，盘形齿轮铣刀适宜加工模数小于 8 的齿轮，指状齿轮铣刀适宜加工模数大于或等于 8 的齿轮，铣刀廓形应按被切齿槽的廓形确定。为了铣出正确的齿形，每一种模数、每一个压力角或每一个齿数的齿轮，都应相应地有一把铣刀，这样会使铣刀的数量非常多。为了减少刀具的数量，对于标准模数铣刀，当模数为 0.3~8 mm 时，每种模数由 8 把刀组成一套；当模数为 9~16 mm 时，由 15 把刀组成一套。每把刀号的铣刀用于加工某一齿数范围的齿轮。

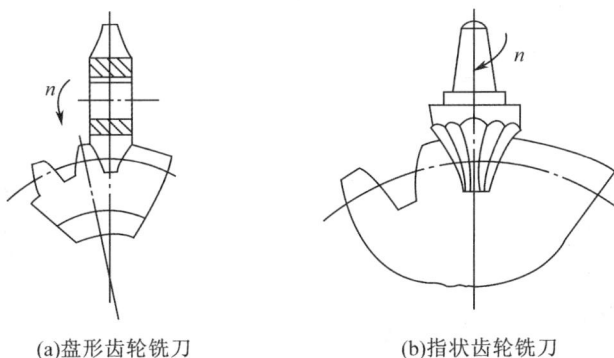

铣齿

(a)盘形齿轮铣刀　　　　(b)指状齿轮铣刀

图 5 - 2 用齿轮铣刀加工齿轮

2. 滚齿

滚齿是最常用的切齿方法之一，它能加工直齿、斜齿和修整齿形的圆柱齿轮。由于滚齿的整个切削过程是连续的，所以其生产率较高。

滚齿采用齿轮滚刀滚切加工圆柱齿轮齿形，其实质是按一对螺旋齿轮啮合的原理来加工齿形的。滚齿时齿面是由滚刀的刀齿切削包络而成，由于参加切削的刀齿数量有限，因此齿面的表面粗糙度较大，齿形的加工精度受到一定的影响。滚齿的加工原理如图 5 - 3 所示。滚齿时，必须将滚刀转动一个角度，使刀齿切削方向与被切齿轮的轮齿方向一致。滚齿是齿形加工方法中生产率较高、应用最

滚齿

广的一种加工方法。滚齿可直接加工8~9级精度的齿轮,也可用作7级以上齿轮的粗加工及半精加工。

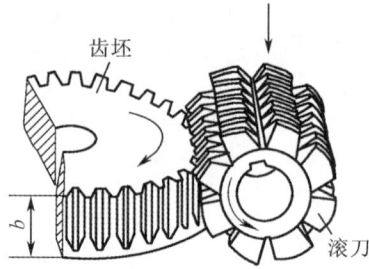

图5-3 滚齿的加工原理

滚齿加工的特点:

①加工精度高。与铣齿相比,齿形精度高,精滚可加工出6级精度的齿轮,齿面的表面粗糙度可达0.8 μm,但需要专用的齿轮加工机床。

②滚刀通用性强。可以用同一模数的滚刀,加工相同模数的各种不同齿数的圆柱齿轮。

③生产率高。滚齿是多刃刀具的连续切削,加工过程平稳,生产率高。

④适用性较好。滚齿一般用于加工直齿轮、斜齿轮和蜗轮,但不能加工内齿轮、人字齿轮和多联齿轮。

3. 插齿

齿面的插削是利用一对齿轮啮合的原理来实现齿形加工的,如图5-4所示,插齿刀实质上就是一个磨有前后角并具有切削刃的齿轮。插齿的齿形精度比滚齿高,但插齿运动精度比滚齿差。所以插齿和滚齿一样,也可用作较高精度齿轮的粗加工及半精加工。

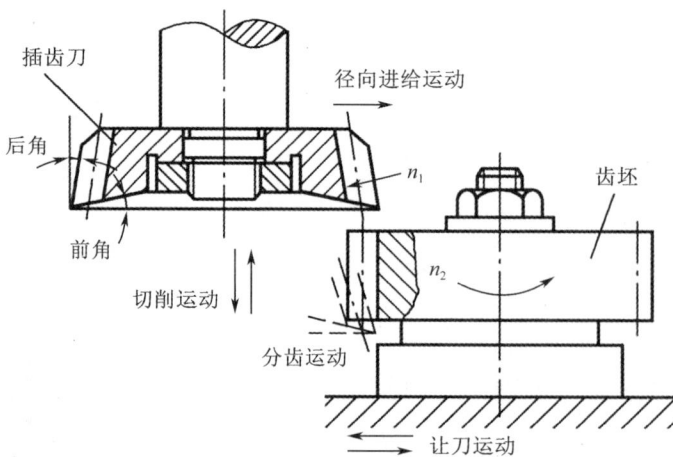

插齿

图5-4 插齿刀切齿原理

插齿加工的特点：

①加工精度高。插齿所形成的齿形包络线的切线数量比滚齿多,齿面表面粗糙度比滚齿小,齿形精度高于滚齿,但公法线长度变动量比滚齿大。

②插齿刀通用性强。同一模数的插齿刀可以加工模数相同的各种不同齿数的圆柱齿轮。

③适用性好。插齿不但能加工外啮合齿轮,还能加工用滚刀难以加工的内齿轮、多联齿轮、扇形齿轮和齿条。

④生产率低。插齿刀往复运动有返回行程,即为断续切削,因此生产率低于滚齿。

4. 剃齿

剃齿是在滚齿之后,对未淬硬齿轮的齿形进行精加工的一种常用方法。剃齿加工的依据是一对螺旋角不等的螺旋齿轮啮合的原理(图 5 - 5),剃齿刀实质上是个高精度的斜齿圆柱齿轮,不同的是在齿侧面开有许多容屑槽,形成剃齿刀的切削刃。剃齿刀与被切齿轮的轴线在空间交叉一个角度,由剃齿刀带动被剃齿轮做双面无侧隙对滚。剃齿刀的圆周速度可以分解为沿工件齿向的切向速度和沿工件齿面的法向速度,从而带动工件旋转和轴向运动,使刀具在工件表面上剃下一层极薄的切屑。同时,工作台带动工件做往复运动,以剃削轮齿的全长。

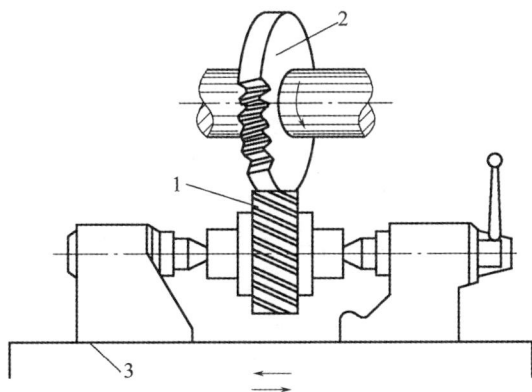

剃齿

1—工件;2—剃齿刀;3—工作台。

图 5 - 5　剃齿原理

剃齿属于展成法加工,剃齿是在滚齿、插齿的基础上对齿面进行微量切削的一种精加工。它适用于加工 35 HRC 以下的直齿轮和斜齿轮。剃齿是自由啮合,对齿轮的运动精度提高较少,所以齿轮的运动精度必须由剃齿前的滚齿或插齿保证。因为滚齿的运动精度比插齿高,所以剃齿前的加工一般都采用滚齿。

剃齿的特点：

①剃齿的加工精度可达 6 ~ 7 级,表面粗糙度 Ra 可达 0.8 ~ 0.4 μm。

②剃齿主要用于提高齿形精度和降低表面粗糙度,不能修正公法线长度变动误差。

③剃齿的生产率高,适用于大批量生产的齿轮精加工。

5. 珩(háng)齿

淬火后的齿轮轮齿表面有氧化皮,影响齿面表面粗糙度,热处理由于工件已淬硬,除可用磨削加工外,也可以采用珩齿进行精加工。珩齿是齿轮热处理后的一种光整加工方法,可以降低齿面表面粗糙度,修整部分淬火变形,改善齿轮副的啮合噪声,加工精度可达到 6~7 级,可使表面粗糙度值从 $Ra\ 2.5 \sim 1.25\ \mu m$ 减小到 $Ra\ 1.25 \sim 0.16\ \mu m$,其生产率高、设备简单、成本低,在成批和大批量生产中广泛采用。

珩齿原理与剃齿相似,珩轮与工件类似于一对螺旋齿轮呈无侧隙啮合,利用啮合处的相对滑动,并在齿面间施加一定的压力来进行珩齿,如图 5-6 所示。珩轮带动工件高速正反向转动,工件沿轴向往复运动、沿径向做进给运动。与剃齿不同的是,珩齿开车后一次径向进给到预定位置,故开始时齿面压力较大,随后逐渐减小,直至压力消失时珩齿便结束。珩齿过程具有磨、剃、抛光等几种精加工的综合性质。

与剃齿相比较,珩齿具有以下工艺特点:

①珩磨轮结构与磨轮相似,珩齿后表面质量较好,珩齿速度很低(通常为 1~3 m/s),加之磨粒粒度较细,珩轮弹性较大,故珩齿过程实际上是一种低速磨削、研磨和抛光的综合过程,齿面不会产生烧伤和裂痕。

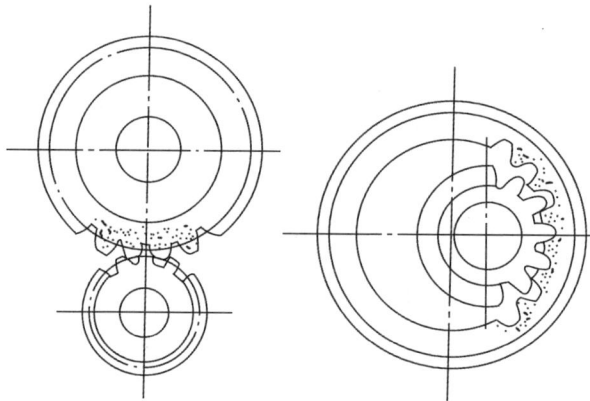

图 5-6 珩齿原理

②珩齿时,齿面间隙除沿齿向有相对滑动外,沿齿形方向也存在滑动,因而齿面将形成复杂的网纹,提高了齿面质量。

③珩轮弹性较大,对珩前齿轮各项误差的修整作用不强。因此,对珩轮本身的精度要求不高,珩轮误差一般不会反映到被珩齿轮上,但对珩前齿轮的精度要求高。

④珩轮主要用于去除热处理后齿面上的氧化皮和毛刺。珩齿余量一般不超过 0.025 mm,珩轮转速可达 1 000 r/min 以上,纵向进给量为 0.05~0.065 mm/r。

⑤珩轮生产率很高,一般 1 min 珩一个齿轮,通过 3~5 次往复即可完成,其成本低,设备要求简单,操作方便。

6. 磨齿

磨齿是目前齿形加工中精度最高的一种方法,它是利用强制性的齿轮齿条啮合原理来进行展成法加工的,但也有用精密的渐开线齿形靠模板按仿形法加工的。它既可磨削未淬硬的齿轮,也可磨削淬硬的齿轮,对齿轮误差及热处理变形有较强的修整能力,多用于硬齿面高精度齿轮的精加工。其缺点是生产率低,加工成本高,故适用于单件小批量生产。

磨齿的方法很多,按照磨齿的原理可分为成形法与展成法两类,生产中多用展成法磨齿。如图5-7所示,图中给出了双片碟形砂轮磨齿法的原理简图,这种磨齿方法用来加工直齿或斜齿圆柱齿轮。其基本原理是用两个砂轮构成的假想齿条与被磨齿轮相啮合,工作时砂轮作高速旋转,被切齿轮沿假想齿条的往复滚动;砂轮沿被切齿轮齿宽做往复运动。这种磨齿方法不是连续分齿,而是展成加工完一个齿后,再展成加工另一个齿。由于分齿运动是自动进行的,所以磨齿机的结构复杂,制造精度要求也很高。

磨齿

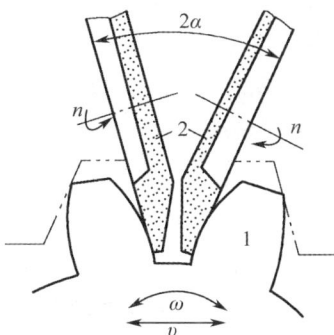

1—被切齿轮;2—砂轮。

图5-7　磨齿原理

磨齿的特点:

磨齿加工的精度高,一般条件下精度为4~6级,表面粗糙度 $Ra\ 0.8 \sim 0.4\ \mu m$。磨齿加工采用强制啮合的方式,不仅修整误差的能力强,而且可以加工表面硬度很高的齿轮。但磨齿加工的效率低,机床复杂、调整困难,所以加工成本高,主要用于齿轮精度要求很高的场合。

六、齿形加工方案的选择

齿形加工方案的选择,主要取决于齿轮的精度等级、生产批量和热处理方法等。对于8级及8级以下精度的不淬硬齿轮,用铣齿、滚齿或插齿等方法都可直接达到加工精度要求。对淬硬齿轮,需在淬火前将精度提高一级,以保证淬火后达到预期精度,其加工方案可采用:滚(插)齿—齿端加工—齿面淬火—修正内孔。

6~7级精度淬硬齿轮有如下两种加工方案:

①剃齿—珩齿方案:滚(插)齿—齿端加工—剃齿—表面淬火—修正基准—珩齿。

②磨齿方案:滚(插)齿—齿端加工—渗碳淬火—修正基准—磨齿。

剃齿—珩齿方案生产率高,广泛用于7级精度齿轮的成批生产中。磨齿方案的生产率低,一般用于6级精度以上或淬火后变形较大的齿轮。单件小批量生产或5级精度以上的齿轮一般采用磨齿方案。对于不淬硬的7级精度齿轮,可用滚齿方案。目前一些机床厂和汽车、拖拉机厂使用滚(插)齿—冷挤齿的加工方案,此方案可稳定地获得7级精度,适用于大批量生产。

任务二　齿轮零件加工工艺编制

一、齿轮加工工艺过程分析

如图 5-8 所示的双联齿轮零件图,材料为 40Cr,齿部硬度为 50 HRC,大批量生产,制定其加工工艺规程。

1. 结构及技术条件分析

该主动齿轮为盘类圆柱齿轮,在齿圈上切出渐开线齿形,轮体孔上带有键槽。该齿轮的模数 m 为 3,齿数 z 为 18,压力角为 $20°$,齿轮精度等级为 7 级,加工中需要通过测量公法线长度来保证齿轮齿形精度;齿轮内孔的表面粗糙度 Ra 1.6 μm;左、右端面的平行度为 0.020 mm,端面与内孔有圆跳动为 0.025 mm 的位置要求,端面的表面粗糙度 Ra 3.2 μm;齿面的表面粗糙度 Ra 1.6 μm;热处理调质 220~260 HBW,齿部表面淬火 50~55 HRC 等。

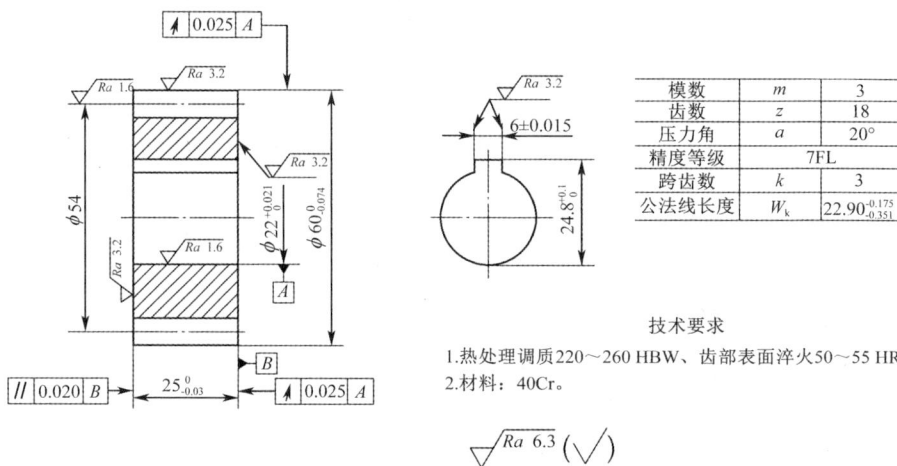

模数	m	3
齿数	z	18
压力角	a	$20°$
精度等级		7FL
跨齿数	k	3
公法线长度	W_k	$22.90_{-0.351}^{-0.175}$

技术要求

1. 热处理调质 220~260 HBW、齿部表面淬火 50~55 HRC。
2. 材料:40Cr。

图 5-8　双联齿轮零件图

2. 工艺分析

①ϕ22 mm 孔是与轴配合的孔,也是以后机械加工各工序中的主要定位基准,因此该孔的工序是比较重要的,要保证其精度及表面粗糙度。

②齿轮端面 B 对基准 A 的圆跳动公差不超过 0.025 mm,齿轮两端面间的平行度要求为 0.020 mm,主要是保证端面平整光滑。端面是齿轮加工的轴向定位基准,加工中必须保证其位置公差。

3. 工艺过程分析

（1）确定毛坯的制造形式

由于该零件结构简单,尺寸较小,力学性能要求一般,生产为小批量,工件材料为 40Cr 钢,根据齿轮毛坯的选择原则,毛坯形式选用棒料。

（2）定位基准的选择

根据零件图样及零件的使用情况,ϕ22 mm 孔的轴向圆跳动与平行度等均应通过正确的定位才能保证,故应对基准的选择进行分析。

①粗基准的选择:以外圆为粗基准。

②精基准的选择:在加工完 $\phi22$ mm 孔以后,各工序均以该孔为定位精基准,这样就满足了基准重合原则和互为基准原则。

(3)热处理工序的安排

热处理调质 220 ~ 260 HBW 安排在齿坯加工阶段,在粗车之后,这样可以消除粗车形成的内应力;齿部表面淬火 50 ~ 55 HRC 安排在齿形粗加工完毕后,这样可提高齿面的硬度和耐磨性。

(4)齿形加工方案的选择

主动齿轮为 7 级精度的淬硬齿轮,因是小批量生产,所以选择粗加工为滚齿,精加工为磨齿。

(5)齿轮加工工艺路线的设计

总体工艺路线为:齿坯粗加工—热处理(调质)—齿坯精加工—滚齿—热处理(表面淬火)—修整内孔—磨齿。

二、加工工艺过程的制定

主动齿轮加工工艺过程见表 5 - 3。

表 5 - 3 主动齿轮加工工艺过程

工序号	工序名称	工序内容	定位基准
1	下料	料 $\phi65$ mm × 30 mm	
2	粗车	粗车外圆及端面,留余量 1.5 ~ 2 mm,钻内孔至尺寸直径 $\phi16$ mm	外圆及端面
3	热处理	调质 220 ~ 260 HBW	
4	半精车	精车内孔至 $\phi21.5_0^{+0.021}$ mm,精车端面 B,要求端面 B 及孔一刀车成。	外圆
5	钳	B 面打钢印做记号	
6	半精车	上心轴精车外圆,精车另一端面	$\phi21.5_0^{+0.021}$ mm 孔和端面 B
7	插	插键槽	
8	钳	钳工去毛刺	
9	检验	检验	
10	滚齿	滚齿,留磨削余量	$\phi21.5_0^{+0.021}$ mm 孔和端面 B
11	钳	钳工去毛刺	
12	热处理	齿部高频感应淬火 50 ~ 55 HRC	
13	磨	磨孔至 $\phi22 + 0.0210$ mm	端面 B

表 5 – 3（续）

工序号	工序名称	工序内容	定位基准
14	磨齿	磨齿	$\phi22 + 0.0210$ mm 孔和端面 B
15	检验	总检入库	

大国工匠:军工绣娘潘玉华

项目六　曲轴零件加工工艺的编制

任务一　曲轴零件概述

一、曲轴零件特点

曲轴是发动机中最重要的零件之一,和连杆、活塞等一起组成曲柄连杆机构。发动机工作时,活塞向下的推力经过连杆传到曲轴,曲轴将活塞的往复运动转变为曲轴绕其本身轴线的旋转运动,以输出驱动车辆及内燃机本身机件(如配气机构风扇发电机等)所需的动力,并驱动其他运动机构和辅助装置。

曲轴由主轴颈、连杆轴径、曲轴臂、前轴端和后轴端等部分组成。其中一个连杆轴径和它两端的曲臂以及前后两个主轴颈合在一起,称为曲拐。

曲轴在工作中承受着周期性的、不断变化的气体力,旋转质量的离心惯性力和往复运动的惯性力等复杂的交变载荷的共同作用。旋转质量的离心惯性力等复杂的交变载荷,产生扭转、横向与纵向振动,在一定的条件下,扭转振动和弯曲振动会产生很大的附加应力。因此,曲轴应有足够的刚度和强度,各摩擦面耐磨及润滑良好,并且在工作中平衡性要好。

曲轴零件示意图如图 6-1 所示。曲轴的形状较为复杂,其横截面沿轴线方向急剧变化,因而应力分布极为不均匀;尤其在曲柄臂和轴径的过渡圆角部分及油孔附近会产生严重的应力集中。曲轴经过长期工作运转,在应力集中区会产生疲劳破坏。弯曲和扭转疲劳断裂是曲轴的主要破坏形式,尤其是弯曲疲劳断裂最为常见。曲轴的连杆轴径、主轴径及其轴承副在高压比下高速相对旋转,容易造成磨损发热和烧损。

曲轴

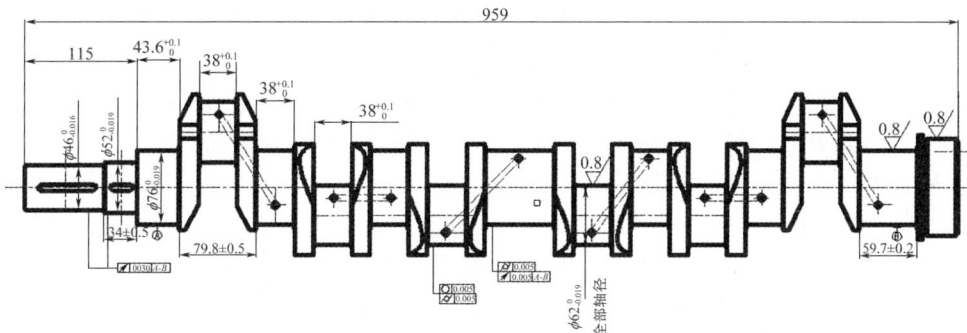

图 6-1　曲轴零件示意图

二、曲轴的主要技术要求

曲轴工作时,由于各主轴颈和连杆轴径与轴瓦在单位面积高压力和高速滑动摩擦条件下工作,为了减少磨损,对各轴颈的尺寸和形状精度等均有较高要求。

1. 尺寸精度和形状精度

通常主轴颈和连杆轴径的直径尺寸公差:对低速柴油机按 IT7 级加工;对中速柴油机按 IT6 级加工;对高速柴油机按 IT6 级或更高一级加工。各轴颈长度尺寸和曲柄臂厚度均按 IT9 级加工,曲柄半径的偏差每 100 mm 长度上不大于 ±0.15 mm。法兰螺栓孔(与飞轮或联轴节连接)按 IT7 级加工。其余自由尺寸均按 IT14 级公差加工。

对轴颈形状公差(圆度和圆柱度)要求:通常,对低速柴油机,其形状公差约为尺寸精度 IT9 级公差的 1/4;对中、高速柴油机则为 IT7 级公差的 1/4。轴颈过渡圆弧须用样板检验,样板与过渡圆弧之间的间隙不得超过 0.2 mm。

2. 位置精度

为使活塞连杆运动部件不走歪,减少曲轴的附加应力,避免轴颈与轴瓦产生不均匀磨损,使柴油机正时准确、运动平衡和工作可靠,对曲轴位置公差提出下列几项要求:

①所有主轴颈的轴线应在一条直线上。主轴颈对曲轴轴线的径向圆跳动量,一般对高速柴油机为 0.02~0.04 mm;对中、大型柴油机为 0.04~0.08 mm。

②连杆轴径轴线与主轴颈轴线的平行度误差,在每 100 mm 长度上不大于 0.01 mm;对于手工修刮的连杆轴径,每 100 mm 长度上不大于 0.015 mm。

③各曲柄间夹角偏差应不大于 ±15′。

④曲轴法兰端面应与曲轴轴线垂直。其端面圆跳动误差,对法兰直径在 300 mm 以下的应不大于 0.03 mm;对法兰直径在 300 mm 以上的应不大于 0.05 mm。

⑤曲轴法兰外圆对曲轴轴线的径向圆跳动误差,不得大于 0.02~0.05 mm。

⑥曲轴的臂距差,每米活塞行程不大于 0.075 mm;当活塞行程小于 400 mm 时,可放松为每米活塞行程不大于 0.10 m,但总数值不得超过 0.03 mm。

3. 表面粗糙度

表面粗糙度对曲轴的疲劳强度、耐磨性和抗腐蚀性都有很大的影响。因此,为了适应各类型柴油机的工作需要,对曲轴各个表面提出不同的表面粗糙度要求。

曲轴主轴颈和连杆轴径,对低速柴油机为 Ra 1.6 μm;对中速柴油机为 Ra 0.8 μm;对高速柴油机为 Ra 1.6~0.8 μm。

油孔孔口和轴颈过渡圆弧处为 Ra 16 μm。

曲轴法兰外圆和端面为 Ra 32 μm;曲柄臂侧面为 Ra 12.5~3.2 μm。

必须指出,如果曲轴材料为合金钢,因它对应力集中非常敏感,故曲轴表面应较为光滑,即使是非配合表面,其表面粗糙度也应为 Ra 1.6 μm。

4. 其他方面的要求

曲轴所有加工表面不允许有裂纹、麻点、凹陷和碰伤等缺陷;非加工表面不允许有氧化皮、分层、裂纹、折叠及过烧等缺陷。对高速柴油机曲轴,其动平衡精度为 0.005 N·m。

三、曲轴的材料与毛坯制造

曲轴要求用强度、冲击韧性和耐磨性都比较高的材料制造,一般都采用中碳钢或中碳合金钢模锻。各轴颈表面还用高频电流进行淬火硬化和精磨等,以达到高光洁度和高精度。近年来,有的发动机采用了高强度的稀土球墨铸铁铸造曲轴,如球墨铸铁 QT700 - 2 就具有较高强度和耐磨性及一定的塑性、韧性。球墨铸铁具有良好的铸造性能,适于采用精密铸造,使机械加工余量减少,可简化机械加工工艺过程,提高生产率和降低生产成本。另外球墨铸铁主轴还具有相当高的扭转疲劳强度。球墨铸铁曲轴经过淬火处理后的机械性能已接近或超过一般中碳钢,但是延伸率、冲击韧性、弹性模量以及材料本身的疲劳强度较低,综合机械性能仍低于中碳钢。在结构上,球墨铸铁有较粗的轴径和较厚的曲柄,而且,球墨铸铁校直比较困难。

曲轴零件毛坯的种类的选择取决于零件的材料、形状、生产性质以及生产中获得毛坯的可能性。毛坯的制造方法有锻造和铸造两种。锻造毛坯为钢材,铸造毛坯用球墨铸铁为多。

整体锻造曲轴用钢有优质碳素钢、低合金钢、合金钢等。根据发动机的负荷、种类选用不同的钢种。汽油机曲轴多用碳素钢;柴油机曲轴多用低合金钢;重型汽车发动机曲轴多用合金钢。常用的材料钢有 45 钢、40Cr、40MnB、35CrMo、QT600 - 3 等。

整体锻造曲轴的方法有:自由锻造、模锻、扭锻和连续纤维挤压锻造。其中只有在小量生产中的曲轴才采用自由锻造。模锻曲轴强度高,可得到有利的纤维组织,并且能够按照要求合理分布,可获得最佳的截面模量和紧密的细晶粒金相组织。锻造的曲轴尺寸紧凑,质量较轻,但是形状复杂的曲轴很难锻造。

锻造曲轴在锻造后,一般进行一次热处理,退火或正火,以消除金属中的内应力和降低硬度,以便进行机械加工。

6102 发动机曲轴采用的材料为 45 钢,它具有较高的刚度、强度和良好的耐磨性。由于力学性能要求较高,因此选择锻件,本零件毛坯采用模锻来锻造。

四、曲轴的制造方法

1. 主轴颈加工

主轴颈的加工通常应经过粗车、半精车、精车(或精磨)以及光整加工等工序才能达到加工要求。由于机型、毛坯和生产规模不同,采用的加工工序也有差异。对于小型柴油机一般采用铸造或锻造曲轴毛坯,生产规模较大时,一般采用粗车(或再经半精车)或内铣粗磨、精磨(或再光整加工);对于中型柴油机曲轴成批生产时,常采用粗车、半精车、精车及精镗;而对于大型柴油机曲轴小批量生产时,常采用粗车、半精车、精车(及光整加工)。

主轴颈粗加工时,由于加工余量比较大(对于自由锻毛坯),轴的刚性较大,不需要采取更多的工艺措施可直接装夹到刚度较大的车床上加工。这时以曲轴两端的顶尖孔定位。将曲轴吊装在车床床头及尾座顶尖上定位后,曲轴法兰端(或自由端)装夹在四爪卡盘中,另一端用尾顶尖支持,自卡盘或尾座端开始顺次粗车各主轴颈和曲柄外侧面。然后调头装夹,加工法兰外圆和端面(或加工自由端轴颈)。对于铸造毛坯,在有些情况下,主轴颈粗加工时仍加装中心架。主轴颈半精加工时,无论是铸造或锻造毛坯都必须加装中心架,以便提高曲轴加工的刚性。

主轴颈精加工是曲轴机械加工中最重要的工序之一。为了达到高精度要求,必须提高曲轴加工时的刚性,对六曲柄曲轴通常可夹装 3~4 个中心架;在精车各主轴颈的过程中,安放或移装中心架时,都必须严格校正轴线,使中心架处各主轴颈的径向圆跳动量小于成品曲轴该项要求的一半,各曲柄臂距差值小于成品曲轴该项要求的一半。

在精车或半精车主轴颈的过程中,应同时将曲柄臂顶圆或外圆车至要求尺寸。主轴颈的精加工,有时是在半精车后采用粗、精磨来达到的,特别是中、高速柴油机的曲轴加工。

磨削可在专用曲轴磨床(包括计算机数控(CNC)曲轴主轴颈磨床)上进行,这时必须先修正精磨定位基准,使定位精度得以保证。精磨时,除应选择合适的磨削用量外,还应注意防止在磨削中产生工件跳动和振动的现象。

主轴颈的光整加工,在小批量生产条件下,对中、大型柴油机曲轴,一般在精车后采用细砂布砂光,或者采用特制的夹环手工操作进行抛光,又或者采用轴颈抛光专用机床抛光,也可采用风动工具进行圆角抛光。对球墨铸铁曲轴,采用专用圆角滚压器对轴颈圆角进行冷压光加工,效果更为显著。冷压光加工后,金属表层冷作硬化,从而产生残余压应力,曲轴的疲劳强度和使用寿命明显提高。抛光后的曲轴装机后可以减少整机热磨合试验时间。

2. 连杆轴径加工

连杆轴径加工是曲轴加工中较难的工序,它比主轴颈加工多了两个问题,即角度定位和曲轴旋转时的不平衡。在小批量生产中,对于中型柴油机铸造曲轴的连杆轴径加工,通常是在普通车床上进行。安装工件时应使待加工的连杆轴径轴线与车床回转轴线同轴,这可借助于偏心夹具来实现。

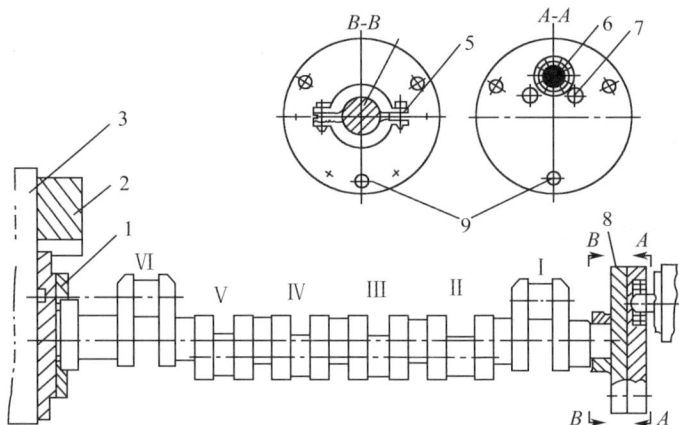

1—车头夹具;2—平衡重;3—车床花盘;4—自由端轴径;5—轴承座;
6—尾顶尖;7—车连杆轴径顶尖孔;8—尾座夹具;9—分度孔。

图6-2 用圆盘形偏心夹具加工连杆轴径的装夹情况图

图6-2所示为用圆盘形偏心夹具加工连杆轴径的装夹情况图。圆盘形偏心夹具加工时先将车头夹具与尾座夹具分别装到曲轴的法兰端和自由端,用画线找正偏心夹具与某一方位上一对连杆轴径的相应位置,使待加工的连杆轴径轴线与夹具上心的车头、尾座偏心孔轴线同轴。找正后,紧固尾座轴承螺栓和车头夹具角度定位盘与曲轴法兰及夹具本体的连接螺栓。连杆轴径之间夹角是通过车头夹具和尾座夹具上互成120°分布的分度孔和插入定位销来获得的。将装好夹具的曲轴吊上车床。这时先将车头夹具上的偏心孔插入车床主轴上的心轴,并将车头夹具与车床花盘用螺栓紧固,然后将尾座夹具装入尾座心轴(顶针),这样就保证了待车削的连杆轴径轴线与车床回转轴线同轴。图6-2所示为车削第1,6段连杆轴径时的装夹情况。当加工完某一对连杆轴径后将夹具上的定位销取出,并松开车头、尾座夹具定位盘与本体的连接螺栓,然后将定位盘连同曲轴转120°,再插入定位销和紧固连接螺栓,便可车削另一对连杆轴径。

连杆轴径加工时,是以主轴颈(或自由端轴颈)和法兰外圆及端面(或法兰端止口外圆及端面)为定位基准。因此在曲轴加工工序中,每一次主轴颈和法兰外圆及端面的加工都为连杆轴径加工准备了定位基准。连杆轴径加工时,由于车床要带动体积大而不平衡的工件旋转,因此必须加装平衡块。平衡块的质量可根据曲轴偏心质量估算求得,在连杆轴径粗加工、半精加工及精加工过程中,由于曲轴旋转的不平衡质量逐渐减小,所以平衡块应随之逐步减少。为了提高连杆轴径加工的生产率,对于中、大型柴油机整体自由锻曲轴连杆轴径的加工,可采用具有旋转刀架的曲轴车床或在普通车床上加装旋转刀架进行加工。这时工件固定不动,由刀架旋转和进给完成切削加工。由于工件不动,不平衡问题就不存在了。考虑到在普通车床上加工连杆轴径时,工件的变形较大,适当将加工余量留大一些。连杆轴径的光整加工同主轴颈一样,可在精车后用细砂布进行抛光或者在轴颈抛光专用机上抛光,也可采用冷压光加工方法,以进一步降低连杆轴径的表面粗糙度和提高表面硬度,从而提高连杆轴径的疲劳强度和曲轴的使用寿命。

任务二　曲轴零件加工工艺编制

一、曲轴技术要求分析

①主轴径:主轴径是曲轴的支承点,共有 7 个主轴径,轴径为 $\phi76H6({}^{\ 0}_{-0.019})$ mm,第一主轴径长为 $43.6^{+0.1}_{0}$ mm,第四主轴径宽度为 $70+0.40$ mm,第二、三、五、六主轴径宽度为 $38^{+0.1}_{0}$ mm。

②连杆轴径:曲轴共有 6 个连杆轴径,它与连杆大头相连接,轴径为 $\phi62h6({}^{\ 0}_{-0.019})$ mm,表面粗糙度 $Ra\ 0.32$ μm,圆柱度公差为 0.005 mm,轴径宽度为 $38H10({}^{+0.1}_{0})$ mm,圆角半径为 $R3.5^{\ 0}_{-0.05}$ mm,表面粗糙度 $Ra\ 0.8$ μm,两台阶面表面粗糙度 $Ra\ 0.6$ μm。

③油封轴径:油封轴径的直径为 $\phi100h7({}^{\ 0}_{-0.035})$ mm,表面粗糙度为 $Ra\ 0.32$ μm。

④曲柄臂:曲柄臂用来连接主轴径与连杆轴径,它呈长圆形,曲柄半径为 $\phi57.15^{\ 0}_{-0.07}$ mm,有 12 个曲柄臂,曲柄臂是曲柄的薄弱环节,容易产生扭断和疲劳损坏。

曲柄臂与主轴径、连杆轴径的连接圆角为 $R3^{\ 0}_{-0.5}$ mm,表面粗糙度 $Ra\ 0.8$ μm。

⑤连杆轴径轴心线的相位差在 $\pm30'$ 之内。

⑥曲轴必须经过动平衡,要求的平衡精度为 50 g·cm。

⑦主轴径、连杆轴径要表面淬火,淬硬深度为 $2\sim4$ mm,硬度为 $55\sim63$ HRC。油封轴径(即安装飞轮的轴径)也要进行表面淬火,淬硬深度不少于 1 mm,硬度为 $50\sim53$ HRC。

⑧曲轴还要进行探伤检查,要求曲轴的加工表面不允许出现裂纹。

⑨曲柄臂及全部轴径台肩外圆周围不允许有毛刺、飞边。

⑩所有油道进出口的表面粗糙度 $Ra\ 1.6$ μm。

二、加工工艺过程的制定

曲轴加工工艺过程见表 6 - 1。

表 6 - 1　曲轴加工工艺过程

序号	工序内容	设备
1	锻造毛坯,时效处理	
2	铣两个端面,钻中心孔	卧式升降台铣床
3	校直	
4	粗车曲轴第四主轴径	曲轴主轴径车床
5	粗磨第四主轴径	万能外圆磨床
6	粗车第一、二、三、五、六、七主轴径,以及皮带轮轴径、齿轮轴径和油封轴径	曲轴主轴径车床
7	精车第一、二、三、五、六、七主轴径,以及皮带轮轴径、齿轮轴径和油封轴径	曲轴主轴径车床
8	粗磨各主轴径和齿轮轴径	曲轴磨床
9	铣定位面	立式升降台铣床
10	车曲轴连杆轴径	曲轴连杆轴径车床
11	清洗工件	
12	校直	
13	粗磨小头	曲轴磨床
14	粗磨连杆轴径	
15	钻油孔,孔口倒角	深孔钻床
16	曲轴淬火	
17	校直曲轴	
18	研磨顶尖孔	
19	精磨第二、三、四、五、六主轴径	曲轴磨床
20	精磨第一、七主轴径	曲轴磨床
21	精磨小头	曲轴磨床
22	粗铣键槽	键槽铣床
23	精铣键槽	键槽铣床
24	去毛刺,油孔抛光	
25	超精磨主轴颈、连杆颈	曲轴抛光机
26	探伤	
27	总检	
28	入库	

大国工匠:指尖打造导弹精准制导

项目七　拨叉及连杆零件加工工艺的编制

任务一　拨叉零件概述及其加工工艺编制

一、拨叉特点

拨叉形状特殊、结构简单,属典型的叉杆类零件。为实现换挡、变速的功能,其叉轴孔与变速叉轴有配合要求,因此加工精度要求较高。叉脚两端面在工作中需承受冲击载荷,应具有足够的强度、刚度、韧性。

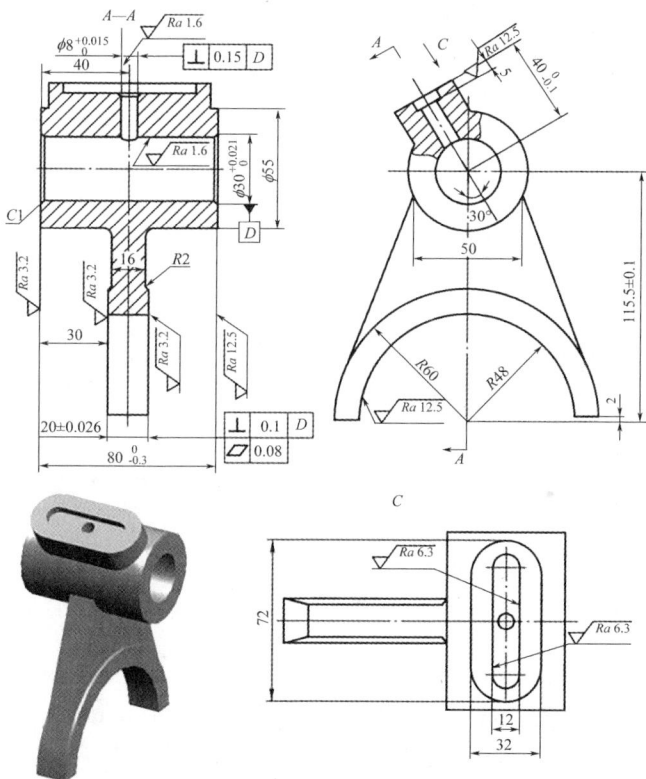

技术要求
1.未注倒角C3,未注圆角R3。
2.材料:45钢。
3.叉脚两端面高频感应淬火,硬度为48~58 HRC。

图7-1　拨叉零件图

二、拨叉的主要技术要求

该零件的主要工作表面为拨叉脚两端面、叉轴孔 $\phi 30_0^{+0.021}$ mm(H7)和锁销孔 $\phi 8_0^{+0.015}$ mm(H7)。拨叉脚两端面平面度要求、拨叉脚两端面对 $\phi 30_0^{+0.021}$ mm孔轴线的垂直度要求在设计工艺规程时均应重点考虑。

拨叉轴孔与变速叉轴有配合要求,因此加工精度要求较高。叉脚两端面在工作中承受冲击载荷,为增强其耐磨性,该表面要求高频感应淬火处理,硬度为 48~58 HRC;为保证拨叉换挡时叉脚受力均匀,要求叉脚两端面相对叉轴孔 $\phi30_0^{+0.021}$ mm 的垂直度为 0.1 mm,其自身平面度为 0.08 mm;为保证拨叉在叉轴上有准确的位置,改换挡位准确,拨叉采用锁销定位。锁销孔的尺寸为 $\phi8_0^{+0.015}$ mm(H7),且锁销孔的中心线与叉轴孔中心线的垂直度要求为 0.15 mm。

三、确定拨叉类型与加工方案

由于拨叉在工作过程中要承受冲击载荷,为增强拨叉的强度和冲击韧度,毛坯选用锻件;且生产类型属大批量生产,故采用模锻方法制造毛坯。

该零件主要工作表面叉脚端面可以通过铣削方式加工,变速叉轴孔和锁销孔可以通过钻扩铰来进行加工。其余表面加工精度均较低,可以在正常的生产条件下,采用较经济的方法保质保量地加工出来。拨叉零件各表面的加工方案见表 7-1。

表 7-1 拨叉零件各表面的加工方案

加工表面	精度等级	表面粗糙度 $Ra/\mu m$	加工方案
拨叉头左端面	IT11	3.2	粗铣—精铣
拨叉头右端面	IT13	12.5	粗铣
拨叉脚内表面	IT13	12.5	粗铣
拨叉脚两端面(淬火)	IT9	3.2	粗铣—精铣—磨削
$\phi30$ mm 孔	IT7	1.6	粗扩—精扩—铰
$\phi8$ mm 孔	IT7	1.6	钻—粗铰—精铰
操纵槽内侧面	IT12	6.3	粗铣
操纵槽底面	IT13	12.5	粗铣

四、拨叉加工工艺过程分析

1. 定位基准的选择

(1)精基准的选择

根据该拨叉零件的技术要求和装配要求,选择拨叉头左端面和叉轴孔 $\phi30_0^{+0.021}$ mm 作为精基准,零件上的很多表面都可以以它们为基准进行加工,即遵循了基准统一原则。

叉轴孔 $\phi30_0^{+0.021}$ mm 的轴线是设计基准,选用其作为精基准定位加工拨叉脚两端面和锁销孔 $\phi8_0^{+0.015}$ mm,实现了设计基准和工艺基准的重合,保证了被加工表面的垂直度要求。选用拨叉头左端面作为精基准同样遵循了基准重合原则,因为该拨叉在轴向方向上的尺寸多以该端面为设计基准。另外,由于拨叉件刚性较差,受力易产生弯曲变形,为了避免在机械加工中产生夹紧变形,根据夹紧力应垂直于主要定位基面并应作用在刚度较大部位的原则,夹紧力作用点不能作用在叉杆上。选用拨叉头左端面作为精基准,夹紧力可作用在拨叉头的右端面上,夹紧稳定可靠。

（2）粗基准的选择

作为粗基准的表面应该平整，没有飞边、毛刺或其他表面缺陷，选择变速叉轴孔 $\phi30_0^{+0.021}$ mm 的外圆面和拨叉头右端面作为粗基准。采用 $\phi30_0^{+0.021}$ mm 外圆面定位加工内孔，可保证孔的壁厚均匀；采用拨叉头右端面作为粗基准加工左端面，可以为后续工序准备好精加工基准。

2. 工序顺序的安排

（1）机械加工工序的安排

①遵循"先基准后其他"原则，首先加工精基准：拨叉头左端面和拨叉轴孔 $\phi30_0^{+0.021}$ mm。

②遵循"先粗后精"原则，先安排粗加工工序，后安排精加工工序。

③遵循"先主后次"原则，先加工主要表面：拨叉头左端面、拨叉轴孔 $\phi30_0^{+0.021}$ mm 及拨叉脚两端面，后加工次要表面：操纵槽底面和内侧面。

④遵循"先面后孔"原则，先加工拨叉头端面，再加工叉轴孔 $\phi30_0^{+0.021}$ mm；先铣操纵槽，再钻销轴孔 $\phi8_0^{+0.015}$ mm。

（2）热处理工序的安排

模锻成形后切边，进行调质，调质硬度为 241～285 HBW，并进行酸洗、喷丸处理。喷丸可以提高表面硬度，增加耐磨性，消除毛坯表面因脱碳而对机械加工带来的不利影响。叉脚两端面在精加工之前进行局部高频感应淬火，以提高其耐磨性和在工作中承受冲击载荷的能力。

（3）辅助工序的安排

粗加工拨叉脚两端面和热处理后，安排校直工序；在半精加工后，安排去毛刺和中间检验工序；精加工后，安排去毛刺、清洗和终检工序。综上所述，该拨叉工序的安排顺序为：基准加工—主要表面粗加工及一些余量大的表面的粗加工—主要表面半精加工和次要表面加工—热处理—主要表面精加工。

五、加工工艺过程的制定

拨叉加工工艺过程见表 7-2。

表 7-2　拨叉加工工艺过程

序号	工序名称	工序内容	机床设备
1	铣	粗铣拨叉头两端面	立式铣床
2	铣	半精铣拨叉头左端面	立式铣床
3	钻扩	粗扩、精扩、倒角、铰 $\phi30$ mm 孔	四面组合机床
4	钳	校正拨叉脚	钳工工作台
5	铣	粗铣拨叉脚两端面	卧式双面铣床
6	铣	铣拨叉爪内侧面	立式铣床
7	铣	粗铣操纵槽底面和内侧面	立式铣床
8	铣	精铣拨叉脚两端面	卧式双面铣床
9	钻扩	钻、倒角、粗铰、精铰 $\phi8$ mm 孔	四面组合机床
10	钳	去毛刺	钳工工作台

表 7 - 2(续)

序号	工序名称	工序内容	机床设备
11	检	中检	
12	热处理	热处理(拨叉脚两端面局部淬火)	
13	钳	校正拨叉脚	钳工工作台
14	磨	磨削拨叉脚两端面	平面磨床
15		清洗	
16		检验	

任务二 连杆零件概述及其加工工艺编制

一、连杆的功用与结构分析

连杆是活塞式发动机的重要零件,其大头孔和曲轴连接,小头孔通过活塞销和活塞连接,将作用于活塞的气体膨胀压力传给曲轴,又受曲轴驱动而带动活塞压缩气缸中的气体。连杆承受的是高交变载荷,气体的压力在杆身内产生很大的压缩应力和纵向弯曲应力,由活塞和连杆质量引起的惯性力使连杆承受拉应力,所以连杆承受的是冲击性质的动载荷。因此要求连杆质量轻、强度高。

结构连杆是较细长的变截面非圆形杆件,其杆身截面从大头到小头逐步变小,以适应在工作中承受的急剧变化的动载荷。

连杆是由连杆大头、杆身和连杆小头三部分组成,连杆大头是分开的,一半与杆身为一体,一半为连杆盖,连杆盖用螺栓和螺母与曲轴主轴颈装配在一起。为了减少磨损和磨损后便于修理,在连杆小头孔中压入青铜材套,大头孔中装有薄壁金属轴瓦。为方便加工连杆,可以在连杆的大头侧面或小头侧面设置工艺凸台或工艺侧面。

二、连杆的主要技术要求

连杆的主要技术要求见表 7 - 3。

表 7 - 3 连杆的主要技术要求

技术要求项目	具体要求或数值	满足的主要性能
大、小头孔精度	尺寸公差等级 IT6 ~ IT7 圆度、圆柱度 0.004 ~ 0.006 mm	保证与轴瓦的良好配合
两孔中心距	± 0.03 ~ ± 0.05 mm	气缸的压缩比
两孔轴线在两个互相垂直方向上的平行度	在连杆轴线平面内的平行度为 0.02 ~ 0.04:100 在垂直连杆轴线平面内的平行度为 0.04 ~ 0.06:100	使气缸壁磨损均匀和曲轴颈边缘减少磨损

表 7 – 3（续）

技术要求项目	具体要求或数值	满足的主要性能
大头孔两端面对其轴线的垂直度	100∶0.1	减少曲轴颈边缘的磨损
两螺孔（定位孔）的位置精度	在两个垂直方向上的平行度为 0.02~0.04∶100 对结合面的垂直度为 0.1~0.2∶100	保证正常承载能力和大头孔轴瓦与曲轴颈的良好配合
连杆组内各连杆的质量差	±2%	保证运转平稳

三、连杆的材料与毛坯

船用大型柴油机的连杆材料一般采用 45 钢或 40Cr、45Mn2 等优质钢或合金钢,也有采用球墨铸铁的。

钢制连杆都用模锻制造毛坯。连杆毛坯的锻造工艺有两种方案:

①将连杆体和盖分开锻造;

②连杆体和盖整体锻造。

整体锻造或分开锻造的选择取决于锻造设备的能力,显然整体锻造需要有大的锻造设备。

四、连杆的加工工艺过程

连杆的尺寸精度和几何精度的要求都很高,但刚度又较差,容易产生变形。连杆的主要加工表面为大小头孔、两端面、连杆盖与连杆体的接合面和螺栓孔等;次要表面为油孔、锁口槽、作为工艺基准的工艺凸台等。此外,还有称重去重、检验、清洗和去毛刺等工序。连杆的加工顺序大致如下:粗磨上、下端面—钻、拉小头孔—拉侧面—切开—拉半圆孔、接合面、螺栓孔—配对加工螺栓孔—装成合件—精加工合件—大、小头孔光整加工—去重分组、检验。

1. 加工阶段的划分和加工顺序的安排

连杆本身的刚度比较低,在外力作用下容易变形;连杆是模锻件,孔的加工余量较大,切削加工时易产生残留应力。因此,在安排工艺过程时,应把各主要表面的粗、精加工工序分开。这样,粗加工产生的变形就可以在半精加工中得到修正;半精加工中产生的变形可以在精加工中得到修正,最后达到零件的技术要求,同时在工序安排上先加工定位基准。

连杆工艺过程可分为以下三个阶段。

（1）粗加工阶段

粗加工阶段也是连杆体和盖合并前的加工阶段,主要是基准面的加工,包括辅助基准面加工;准备连杆体及盖合并所进行的加工,如两者对口面的铣削、磨削等。

（2）半精加工阶段

半精加工阶段是连杆体和盖合并后的加工,如精磨两平面、半精磨大头孔及孔口倒角等。总之,是为精加工大、小头孔做准备的阶段。

（3）精加工阶段

精加工阶段主要是最终保证连杆主要表面,大、小头孔全部达到图样要求的阶段,如珩磨大头孔、精镗小头轴承孔等。

2. 定位基准的选择

连杆加工工艺过程的大部分工序都采用统一的定位基准:一个端面、小头孔及工艺凸台。这样有利于保证连杆的加工精度,而且端面的面积大,定位也比较稳定。由于连杆的外形不规则,为了定位需要,在连杆体大头处做出工艺凸台,作为辅助基准面。连杆大、小头端面对称分布在杆身的两侧,由于大、小头孔厚度不等,大头端面与同侧小头端面不在一个平面上,用这样不等高面作为定位基准,必然会产生定位误差。制定工艺规程时,可先把大、小头做成一样厚度,这样就可避免上述缺点,而且由于定位面积加大,使得定位更加可靠,直到加工的最后阶段才铣出这个阶梯面。

五、连杆的加工工艺编制

连杆零件图如图 7 - 2 所示,连杆加工工艺过程见表 7 - 4,连杆合件加工工艺过程见表 7 - 5。

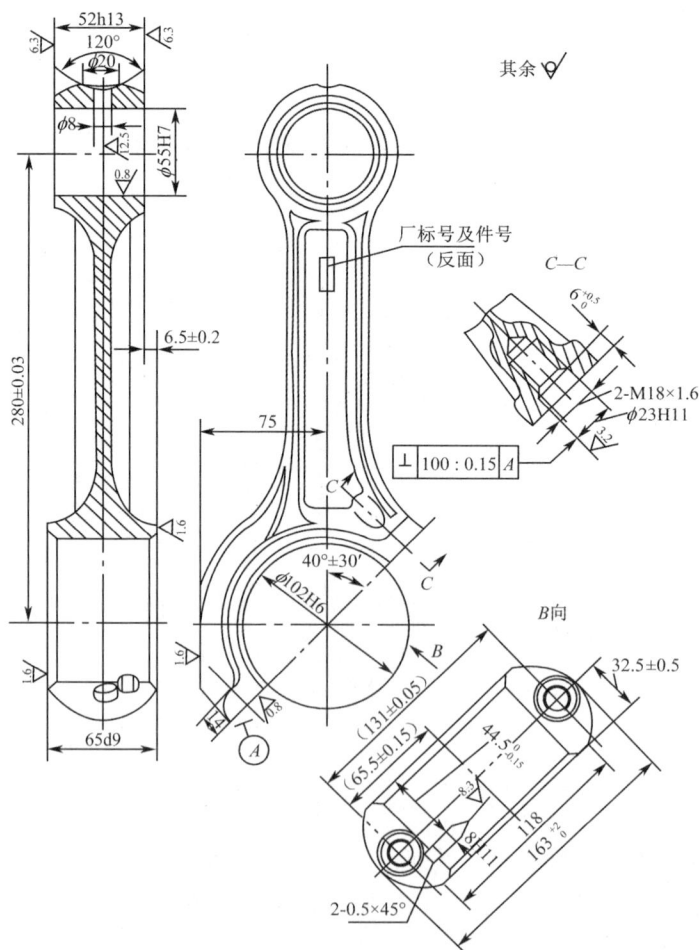

图 7 - 2　连杆零件图

表 7-4　连杆加工工艺过程

连杆体			连杆盖			
工序号	工序内容	定位基准	工序号	工序内容	定位基准	机床设备
1	模锻		1	模锻		
2	调质		2	调质		
3	磁性探伤		3	磁性探伤		
4	粗、精铣两平面	大头壁、小头外廓端面	4	粗、精铣两平面	端结合面	立式双头回转铣床
5	磨两平面	端面	5	磨两平面	端面	立轴圆台平面磨床
6	钻、扩、铰小头孔,孔口倒角	大、小端面,小头外廓工艺凸台				立式五工位机床
7	粗、精铣工艺凸台及结合面	大、小头端面,小头孔,大头孔	6	粗、精铣结合面	端肩胛面	立式双头回转铣床
8	连杆两件粗镗大头孔,倒角	大、小头端面,小头孔,工艺凸台	7	连杆盖两件粗镗孔,倒角	肩胛面螺钉孔外侧	卧式五工位机床
9	磨结合面	大、小头端面,小头孔,工艺凸台	8	磨结合面	肩胛面	立轴矩台平面磨床
10	钻,攻螺纹孔,钻、铰定位孔	小头孔及端面工艺凸台	9	钻扩沉头孔,钻铰定位孔	端面,大头孔壁	卧式五工位机床
11	精镗定位孔	定位孔结合面	10	精镗定位孔	定位孔结合面	
12	清洗		11	清洗		

表 7-5　连杆合件加工工艺过程

工序号	工序内容	定位基准	机床设备
1	杆与盖对号,清洗,装配		
2	磨两平面	大、小头端面	立轴圆台平面磨床
3	半精镗大头孔,孔口倒角	大、小头端面,小头孔工艺凸台	

表 7 - 5（续）

工序号	工序内容	定位基准	机床设备
4	精镗大、小头孔	大头端面,小头孔工艺凸台	金刚镗床
5	钻小头油孔,孔口倒角		
6	珩磨大头孔		珩磨机
7	小头孔内压入活塞销轴承		
8	铣小头两端面	大、小头端面	
9	精镗小头轴承孔	大、小头孔	金刚镗床
10	拆开连杆盖		
11	铣杆与盖大头轴瓦定位槽		
12	对号装配		
13	退磁		
14	检验		

大国工匠:弹药精度把关人

项目八　舵叶零件加工工艺的编制

任务一　舵叶零件概述

一、舵叶特点

舵叶(图 8-1)是船舶中重要的零件之一,在航行中舵叶控制着船舶的航行方向。由于大型舵叶零件的特殊性,因而其加工难度大,加工成本高,是船舶机械加工的一个重点和难点。

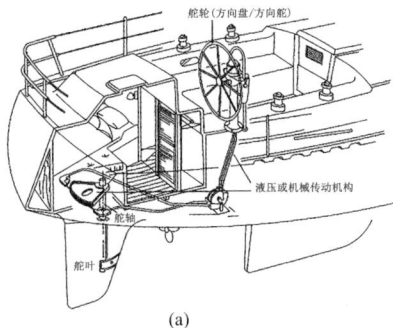

图 8-1　舵叶

二、舵叶的主要技术要求

舵叶整体是一个焊接件,是由两个铸钢件和钢板焊接而成,上部铸件包括上部法兰和上锥孔,下部铸件包括下锥孔和局部筋架,两个铸件的材料为 ZG20,周边用 A3 钢板焊接。

其中锥孔的加工是难点和重点,常用的锥度有 1:10,1:12,1:15 三种。

舵叶锥孔的加工技术要求如下:

①上锥孔与下锥孔对舵叶轴线的同轴度公差为 0.05 mm/7 600 mm。

②法兰安装平面平面度公差为 0.03 mm/1 400 mm,表面粗糙度 Ra 1.6 μm。

③法兰平面与舵轴线垂直度公差为 0.1 mm/1 400 mm。

④两锥孔尺寸精度:上锥孔大头为 $420_{+0.232}^{+0.295}$ mm,下锥孔大头为 $420_{+0.34}^{+0.42}$ mm。

⑤两锥孔形状公差:各段圆度公差为 0.02 mm。

⑥两锥孔锥度为 1:15,锥孔与销轴配合接触面积大于 80%,且只允许大端靠严。

⑦两锥孔表面粗糙度 Ra 1.6 μm。

三、确定舵叶锥孔加工方案

由于舵叶具有特殊形状和较大的尺寸,而工装相对舵叶零件来说又比较小,所以必须将工装伸入舵叶锥孔内部进行加工。图 8-2 为舵叶零件示意图,在具有百吨吊车的车间进行加工,加工方案如下:

①舵叶首先在画线平台上画线,然后在地面平台上找正装夹。

②在地面平台上安装舵叶锥孔加工工装后,对工装进行调节并检验,然后依据零件在地面平台上画线找正的基准,装夹安装工装并调试加工。

③在地面组合平台上针对舵叶的锥孔利用工装完成切削加工。

④加工后经检测合格后拆除工装,清洗保养好工装。待下一舵叶加工时,再重新安装、调试加工。

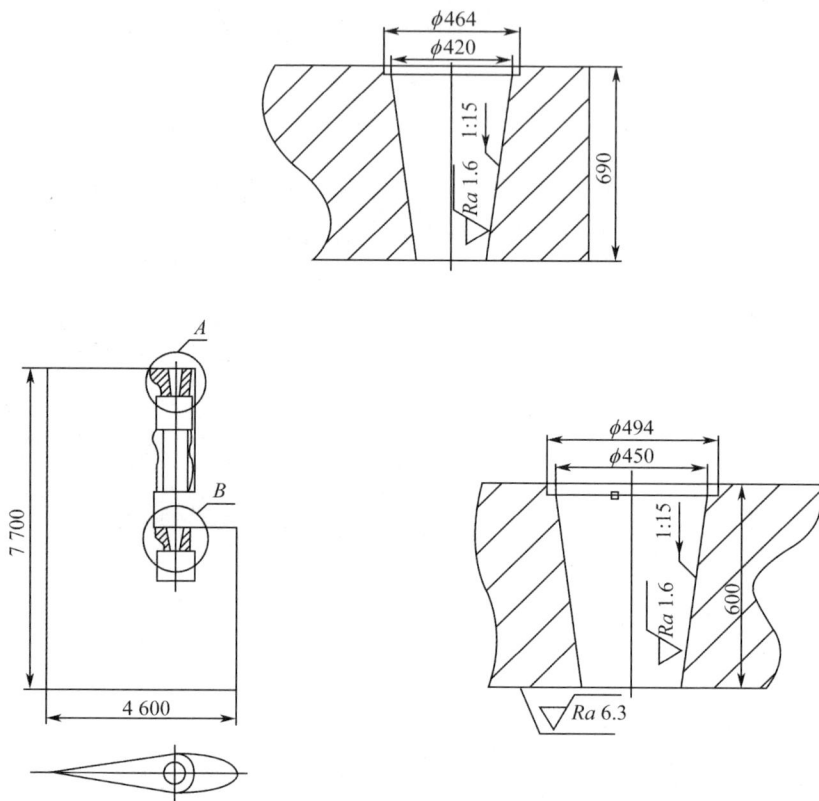

图 8-2　舵叶零件示意图

舵叶在地面平台的安装舵过程如下:

①将画好线的舵叶吊起运往地面平台,放在预先放好的木墩上。

②用三只油压千斤顶顶起舵叶并找正。参照地面平台的标志,确定舵叶轴线位置,采用连通管水平仪找正舵叶的水平位置。

③用夹具分别支承舵叶上的各夹持点,复查舵叶的水平与轴线位置,然后予以夹紧固定。

④各支承点附近安放并调整木墩高度,对舵叶强化支承并减轻加工时的振动。确定舵叶锥孔轴线位置,为了保证锥孔加工后的轴线与舵叶轴线同轴,就必须建立"16 基准点找正方法",具体过程如下:

a. 画线找正轴线。

将舵叶安放在画线平台上,检查舵叶毛坯并且画线。或者安放在地面组合平台上检查毛坯并画线,画好加工线和校准线,打好冲眼。确定舵叶轴线的依据是舵叶的外形轮廓。

b. 在地面平台上找正夹牢。

按线找正舵叶在地面平台上的轴向位置、水平位置,用夹具调节并夹牢。

c. 焊接支承架,安装基准点。

在上、下锥孔每一个端面上参照画线,焊接 4 个支承架,总共有 16 个支承架,在这 16 个支承架上安装 16 个基准点,如图 8 - 3 所示。

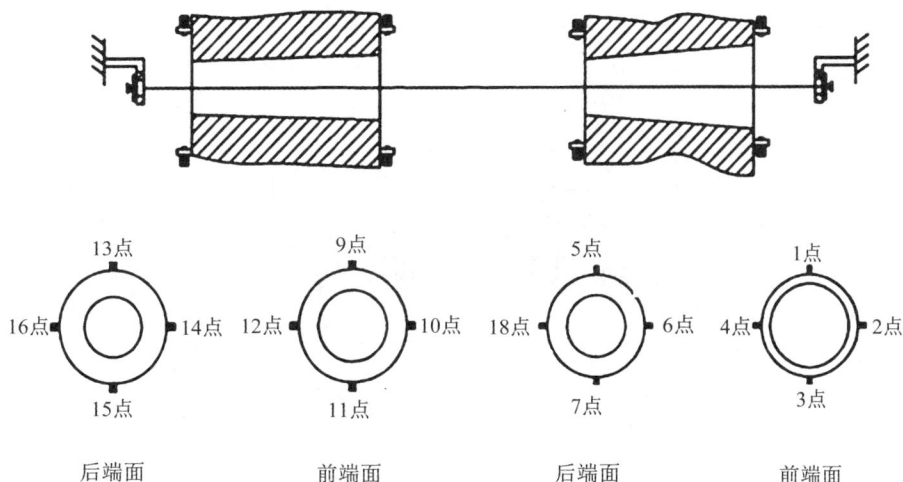

图 8 - 3　舵叶轴孔找正示意图

d. 焊钢丝支承架,找正钢丝。

在舵叶两锥孔外舵叶上的适当位置临时焊接两个钢丝支承架。将钢丝穿过两锥孔,通过拉线器和紧线器将钢丝拉直并找正。

找正钢丝的根据是两锥孔外端上的校准线。找正完毕可用激光准直仪检测钢丝与舵叶所画轴线在垂直平面和水平面内的同轴度。同轴度公差为 0.25 mm/7 000 mm。

e. 确定基准点的位置,拆除钢丝及钢线支承架。

被拉直并且已找正过的钢丝所体现的线就是舵叶的轴线。调节上述 16 个支承架上的 16 个基准点相对钢丝的位置,即这 16 个基准点上的小基准平面相对钢丝是对称的,其误差在 0.02 mm 之内,可用内卡钳和内径百分尺测量。在找正钢丝和确定 16 个基准点位置时要考虑到钢丝自重下垂因素的影响并消除此项误差。

挠度值计算公式

$$Y = \frac{q(L - X)X}{2G \times 0.99} \tag{8-1}$$

式中　Y——钢丝线下垂量(既挠度值),m;

　　　q——钢丝线单位长度质量,kg/m;

　　　G——钢丝线挂重质量,kg;

　　　X——钢丝线一端至所要测量处的距离,m;

　　　L——钢丝线两端的距离,m;

　　　0.99——修正系数($L < 10$ m 时,修正系数取 1)。

在确定 16 个基准点位置后,要锁紧其背帽,复验 16 个基准点的位置,确认无误后拆除钢丝、拆除钢丝支承架、拉线器、紧线器等。

舵叶上机床平台扶正后以上、下部铸件锥孔上的16个基准点和舵叶水平中心线为基准,用机床主轴找出与上、下部铸件锥孔的同轴度,然后用激光经纬仪校正舵叶是否水平和机床主轴与锥孔是否同心。

如图8-4所示,锥孔需要用专用的镗刀座来进行加工,镗刀座深入到锥孔中,一端与镗床主轴相连接,另一端被支承架支承。加工时工装整体在舵叶锥孔中转动,由外部拨爪拨动支座中丝杠上的齿,从而带动刀座沿锥度半角进行加工。同时,工装下部的平面刀架可以加工锥孔小端端面。加工后利用工装中的退刀齿轮带动惰轮,使进给齿轮反转来实现退刀。

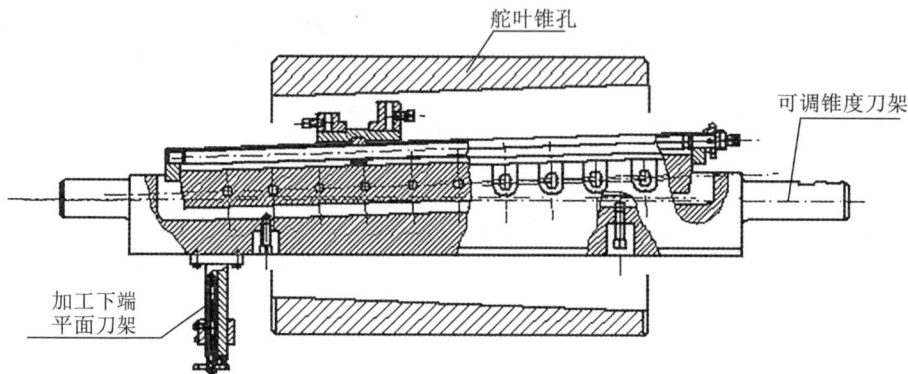

图8-4 锥孔专用镗刀座

工装安装完毕后可先加工下部铸件的锥孔,这样就省去了如果先加工上部铸件锥孔后仍需用机床主轴、工装刀架与下部铸件锥孔的二次找正。

任务二 舵叶零件加工工艺编制

一、加工工艺过程的制定

舵叶加工工艺过程见表8-1。

表8-1 舵叶加工工艺过程

序号	工序名称	工序内容
1	画	(1)检查毛坯 (2)画各部位检查线和加工线,并打样冲眼做标记
2	钳	以舵叶上、下部件铸件锥孔加工圆线为基准,在装焊基准点座板的位置圆线处,装焊舵叶锥孔检验和加工用的基准点座板
3	镗	(1)在镗床工作台上找正舵叶 (2)以上部铸件上、下平面8个基准点为基准,调整镗床主轴;安装接长杆和镗锥孔工装后,以下部件上、下平面8个基准点为基准,调整工装中线,保证同轴度 (3)镗上、下部两个锥孔

表 8 – 1（续）

序号	工序名称	工序内容
4	钳	割除舵叶上、下部件的焊接工装，并打磨平整
	画	在镗床平台上画法兰面的孔加工线和找正线
	镗	镗法兰面的孔
	检验	检验上、下锥孔的同轴度
	钳	去除铸件上的工装及基准点工装，并将焊接处打磨平
	检	检测上、下铸件锥孔的同轴度
	钳	（1）按水平线找正舵叶，支承在平台上 （2）研配舵叶锥孔与舵销，要求接触面积大于 80%

大国工匠：用榔头和飞机对话的人

项目九　机械加工质量分析与控制

任务一　机械加工精度

一、加工精度的基本概念

机械零件加工质量包含零件加工精度和表面质量两大部分。机械加工精度是指零件加工后的实际几何参数(尺寸、形状和位置)与理想几何参数相符合程度。它们之间的差异称为加工误差。加工误差的大小反映了加工精度的高低。误差越大加工精度越低;反之,误差越小加工精度越高。

加工精度包括三个方面:

①尺寸精度:指加工后零件的实际尺寸与零件的设计尺寸的相符合程度。

②形状精度:指加工后零件表面的实际几何形状与理想的几何形状的相符合程度。

③位置精度:指加工后零件有关表面之间的实际位置与理想位置的相符合程度。

二、获得加工精度的方法

1. 获得尺寸精度的方法

工件在加工时,其尺寸精度的获得方式有下列四种:

(1)试切法

即依靠试切工件、测量、调整刀具、再试切直至工件达到所要求的精度。

(2)调整法

先按试切法调整好刀具相对于机床或夹具的位置,然后再成批加工工件。

(3)定尺寸法

用一定的形状和尺寸的刀具(或组合刀具)来保证工件的加工形状和尺寸精度。如钻孔、铰孔、拉孔、攻丝和镗孔。定尺寸法加工精度比较稳定,对工人的技术水平要求不高,生产率高,在各种生产类型中广泛应用。

(4)自动控制法

这种方法是由测量装置、进给装置和控制系统等组成自动控制加工系统,使加工过程的尺寸测量、刀具补偿调整和切削加工以及机床停车等一系列工作自动完成,自动达到所要求的尺寸精度。

如在数控机床上加工时,将数控加工程序输入到 CNC 装置中,由 CNC 装置发出的指令信号,通过伺服驱动机构使机床工作,检测装置自动进行测量和比较,输出反馈信号使工作台补充位移,最终达到零件规定的形状和尺寸精度。

2. 获得形状精度的方法

工件在加工时,其形状精度的获得方法有下列三种:

（1）轨迹法

这种方法是依靠刀具与工件的相对运动轨迹来获得工件形状的。如利用工件的回转和车刀按照靠模的曲线运动来车削成形表面等。

（2）成形法

为了提高生产率,简化机床结构,常采用成形刀具来代替通用刀具。此时,机床的某些成形运动就被成形刀具的刀形所代替。如用成形车刀车曲面等。

（3）展成法

各种齿形的加工常采用此法。如滚齿时,滚刀与工件保持一定的速比关系,而工件的齿形则是由一系列刀齿的包络线所形成的。

3. 获得位置精度的方法

获得位置精度的方法有两种:一是根据工件加工过的表面进行找正的方法;二是用夹具安装工件,工件的位置精度由夹具来保证。

三、影响加工精度的原始误差

在机械加工中,机床、夹具、工件和刀具构成了一个完整的系统,称为工艺系统。由于工艺系统本身的结构和状态、操作过程以及加工过程中产生的物理力学现象,从而使刀具和工件之间的相对位置关系发生偏移,其中所产生的误差称为原始误差,该误差影响零件加工精度。一部分原始误差与切削过程有关;一部分原始误差与工艺系统本身的初始状态有关。这两部分原始误差又受环境条件、操作者技术水平等因素的影响。

1. 与工艺系统本身初始状态有关的原始误差

（1）原理误差

原理误差即加工方法原理上存在的误差。

（2）工艺系统几何误差

它可归纳为两类:

①工件与刀具的相对位置在静态下已存在的误差,如刀具和夹具制造误差、调整误差以及安装误差;

②工件与刀具的相对位置在运动状态下存在的误差,如机床的主轴回转运动误差、导轨的导向误差、传动链的传动误差等。

2. 与切削过程有关的原始误差

①工艺系统力效应引起的变形,如工艺系统受力变形、工件内应力引起的变形等。

②工艺系统热效应引起的变形,如机床、刀具、工件的热变形等。

任务二 工艺系统的几何误差

一、加工原理误差

加工原理误差是由于采用了近似的加工运动方式或者近似的刀具轮廓而产生的误差。因为它在加工原理上存在误差,故称原理误差。原理误差应在允许范围内。

1. 采用近似的加工运动造成的误差

在许多场合,为了得到要求的工件表面,必须在工件或刀具的运动之间建立一定的联系。从理论上讲,应采用完全准确的运动联系。但是,采用理论上完全准确的加工原理有时使机床或夹具极为复杂,致使制造困难,反而难以达到较高的加工精度,有时甚至是不可能做到的。如在车削或磨削模数螺纹时,由于其导程 $t = \pi m$,式中有 π 这个无理数因子,在用配换齿轮来得到导程数值时,就存在原理误差。

2. 采用近似的刀具轮廓造成的误差

用成形刀具加工复杂的曲面时,要使刀具刃口做得完全符合理论曲线的轮廓,有时非常困难,往往采用圆弧、直线等简单近似的线型代替理论曲线。如用滚刀滚切渐开线齿轮时,为了滚刀的制造方便,多用阿基米德蜗杆或法向直廓基本蜗杆来代替渐开线基本蜗杆,从而产生了加工原理误差。

二、机床的几何误差

机床是工艺系统中重要的组成部分,机床的制造误差、安装误差、使用中的磨损都直接影响工件的加工精度。这里着重分析对工件加工精度影响较大的主轴回转运动误差、导轨导向误差和传动链传动误差。

1. 主轴回转运动误差

(1)主轴回转精度的概念

主轴回转时,在理想状态下,主轴回转轴线在空间的位置应是稳定不变的,但是,由于主轴、轴承、箱体的制造和装配误差以及受静力、动力作用引起的变形、温升热变形等,主轴回转轴线瞬时都在变化(漂移),通常以各瞬时回转轴线的平均位置作为平均轴线来代替理想轴线。主轴回转精度是指主轴的实际回转轴线与平均回转轴线相符合的程度,它们的差异就称为主轴回转运动误差。主轴回转运动误差可分解为三种形式:纯轴向窜动、纯径向跳动和纯角度摆动,如图 9 - 1 所示。

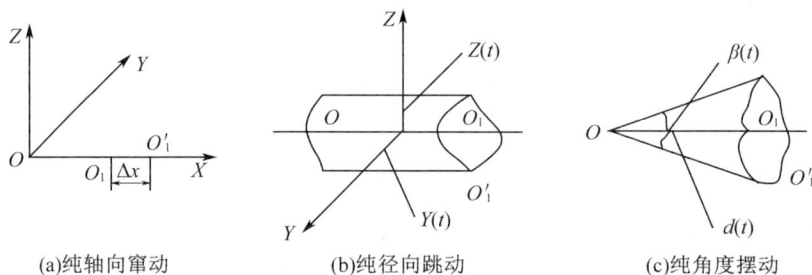

(a)纯轴向窜动 (b)纯径向跳动 (c)纯角度摆动

图 9 - 1 主轴回转精度误差

(2)影响主轴回转精度的主要因素

实践和理论分析表明,影响主轴回转精度的主要因素有主轴的误差、轴承的误差、床头箱体主轴孔的误差以及与轴承配合零件的误差等。当采用滑动轴承时,影响主轴回转精度的因素有:主轴颈和轴瓦内孔的圆度误差以及轴颈和轴瓦内孔的配合精度。对于车床类机床,轴瓦内孔的圆度误差对加工误差影响很小。因为切削力方向不变,回转的主轴轴颈总是与轴瓦内孔的某固定部分接触,因而轴瓦内孔的圆度误差几乎对主轴回转运动误差影响为零。如图 9 - 2(a)所示。

对于镗床类机床,因为切削力方向是变化的,轴瓦的内孔总是与主轴颈的某一固定部分接触。因而,轴瓦内孔的圆度误差对主轴回转精度影响较大,主轴轴颈的圆度误差对主轴回转精度影响较小。如图 9-2(b)所示。

采用滚动轴承的主轴部分影响主轴回转精度的因素很多,如内圈与主轴颈的配合精度,外圈与箱体孔的配合精度,外圈、内圈滚道的圆度误差,内圈孔与滚道的同轴度,以及滚动体的形状精度和尺寸精度。

床头箱体的轴承孔不圆,使外圈滚道变形;主轴轴颈不圆,使轴承内圈滚道变形,这些都会产生主轴回转误差。主轴前后轴颈之间,床头箱体的前后轴承孔之间存在同轴度误差,会使滚动轴承内外圈相对倾斜,主轴产生径向跳动和端面跳动。此外,主轴上的定位轴套、锁紧螺母端面的跳动等也会影响主轴的回转精度。

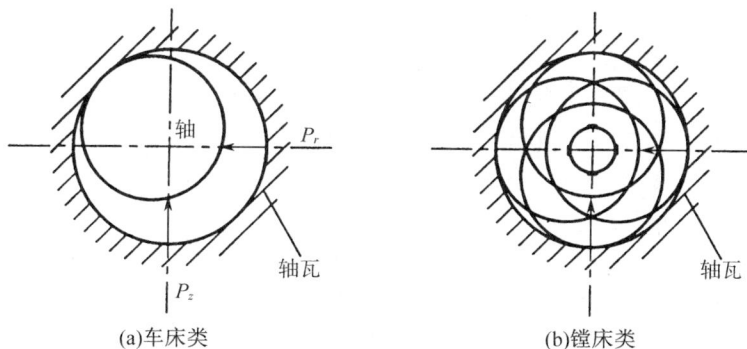

(a)车床类　　　　　　　　　　　(b)镗床类

图 9-2　滑动轴承对主轴回转精度的影响

(3)提高主轴回转精度的措施

①提高主轴、箱体的制造精度:主轴回转精度只有 20% 取决于轴承精度,而 80% 取决于主轴和箱体的精度和装配质量。

②高速主轴部件要进行动平衡,以消除激振力。

③滚动轴承采用预紧:轴向施加适当的预加载荷(约为径向载荷的 20% ~ 30%),消除轴承间隙,使滚动体产生微量弹性变形,可提高刚度、回转精度和使用寿命。

④采用多油楔动压轴承(限于高速主轴):上海机床厂生产的 MGB1432 高精度半自动外圆磨床采用三块瓦式三油楔动压轴承,轴心漂移量可控制在 1 μm 以下。

⑤采用静压轴承:静压轴承由于是纯液体摩擦,摩擦系数为 0.0005,因此摩擦阻力较小,可以均化主轴颈与轴瓦的制造误差,具有很高的回转精度。

⑥采用固定顶尖结构:如果磨床前顶尖固定,不随主轴回转,则工件圆度只和一对顶尖及工件顶尖孔的精度有关,而与主轴回转精度关系很小。主轴回转只起传递动力带动工件转动的作用。

2. 导轨的导向误差

导轨在机床中起导向和承载作用。它既是确定机床主要部件相对位置的基准,也是运动的基准。导轨的各项误差直接影响工件的加工质量。

(1)水平面内导轨直线度的影响

由于车床的误差敏感方向在水平面(Y 轴方向)内,所以这项误差对加工精度影响极大。导轨误差为 ΔY,引起尺寸误差 $\Delta d = 2\Delta Y$。当导轨形状有误差时,造成圆柱度误差,如当导轨中部向前凸出时,工件产生鞍形(中凹形);当导轨中部向后凸出时,工件产生鼓形(中凸形)。

（2）垂直面内导轨直线度的影响

对车床来说，垂直面（Z轴方向）内不是误差的敏感方向，但也会产生直径方向误差。

3. 传动链传动误差

切削过程中，工件表面的成形运动是通过一系列的传动机构来实现的。传动机构的传动元件有齿轮、丝杆、螺母、蜗轮及蜗杆等。这些传动元件由于其加工、装配和使用过程中磨损而产生误差，这些误差就构成了传动链的传动误差。传动机构越多，传动路线越长，则传动误差越大。为了减小这一误差，除了提高传动机构的制造精度和安装精度外，还可采用缩短传动路线或附加校正装置。

三、刀具、夹具的制造误差及磨损

一般刀具（如车刀、镗刀及铣刀等）的制造误差，对加工精度没有直接的影响。

定尺寸刀具（如钻头、铰刀、拉刀及槽铣刀等）的尺寸误差，直接影响被加工零件的尺寸精度。同时刀具的工作条件，如机床主轴的跳动或因刀具安装不当引起径向或端面跳动等，都会影响加工面的尺寸。

成形刀（成形车刀、成形铣刀以及齿轮滚刀等）的误差，主要影响被加工面的形状精度。

夹具的制造误差一般指定位元件、导向元件及夹具体等零件的加工和装配误差。这些误差对被加工零件的精度影响较大。所以在设计和制造夹具时，凡影响零件加工精度的尺寸都控制较严。

刀具的磨损会直接影响刀具相对被加工表面的位置，造成被加工零件的尺寸误差；夹具的磨损会引起工件的定位误差。所以，在加工过程中，上述两种磨损均应引起足够的重视。

四、工艺系统受力变形引起的加工误差

工艺系统在切削力、传动力、惯性力、夹紧力以及重力的作用下，产生相应的变形和振动，将会破坏刀具和工件之间的成形运动的位置关系和速度关系，影响切削运动的稳定性，从而产生各种加工误差和表面粗糙度。

1. 切削过程中受力点位置变化引起的加工误差

切削过程中，工艺系统的刚度随切削力着力点位置的变化而变化，引起系统变形的差异，使零件产生加工误差。

①在两顶尖车削粗而短的光轴时，由于工件刚度较大，在切削力作用下的变形，相对机床、夹具和刀具的变形要小得多，故可忽略不计。此时，工艺系统的总变形完全取决于机床头、尾架（包括顶尖）和刀架（包括刀具）的变形。工件产生的误差为双曲线圆柱度误差。

②在两顶尖间车削细长轴时，由于工件细长，刚度小，在切削力作用下，其变形大大超过机床、夹具和刀具的受力变形。因此，机床、夹具和刀具承受力变形可忽略不计，工艺系统的变形完全取决于工件的变形。工件产生腰鼓形圆柱度误差，如图9-3所示。

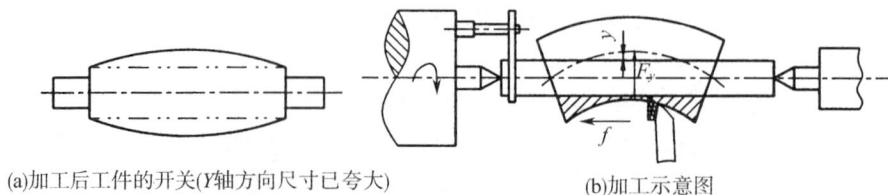

(a)加工后工件的开关(Y轴方向尺寸已夸大)　　(b)加工示意图

图9-3　车削细长轴时受力变形产生的加工误差

2. 切削力大小变化引起的加工误差——复映误差

工件的毛坯外形虽然具有粗略的零件形状,但它在尺寸、形状及表面层材料硬度上都有较大的误差。毛坯的这些误差在加工时使切削深度不断发生变化,从而导致切削力的变化,进而引起工艺系统产生相应的变形,使得零件在加工后还保留与毛坯表面类似的形状或尺寸误差。当然工件表面残留的误差比毛坯表面误差要小得多。这种现象称为"误差复映规律",所引起的加工误差称为"复映误差"。

除切削力外,传动力、惯性重力、夹紧力等其他作用力也会使工艺系统的变形发生变化,从而引起加工误差,影响加工质量。

3. 减小工艺系统受力变形的措施

减小工艺系统受力变形,不仅可以提高零件的加工精度,而且有利于提高生产率。因此,生产中必须采取有力措施,减小工艺系统受力变形。

(1)提高工艺系统各部分的刚度

①提高工件加工时的刚度。

有些工件因其自身刚度很差,加工中将产生变形而引起加工误差,因此必须设法提高工件自身刚度。

例如车削细长轴时,为提高细长轴刚度,可采用如下措施:

a. 减小工件支承长度 l。为此常采用跟刀架或中心架及其他支承架。

b. 减小工件所受法向切削力 F_y。通常可采取增大前角 γ_o、主偏角 κ_r 选为 90° 以及适当减小进给量 f 和切削深度 α_p 等措施减小 F_y。

c. 采用反向走刀法。使工件从原来的轴向受压变为轴向受拉。

②提高工件安装时的夹紧刚度。

对薄壁件,夹紧时应选择适当的夹紧方法和夹紧部位,否则会产生很大的形状误差。如图 9-4 所示的薄板零件,由于工件本身有形状误差,用电磁吸盘吸紧时,工件产生弹性变形,磨削后松开工件,因弹性恢复工件表面仍有形状误差(翘曲)。解决办法是在工件和电磁吸盘之间垫入一薄橡皮(0.5 mm 以下)。当吸紧时,橡皮被压缩,工件变形减小,经几次反复磨削逐渐修正工件的翘曲,将工件磨平。

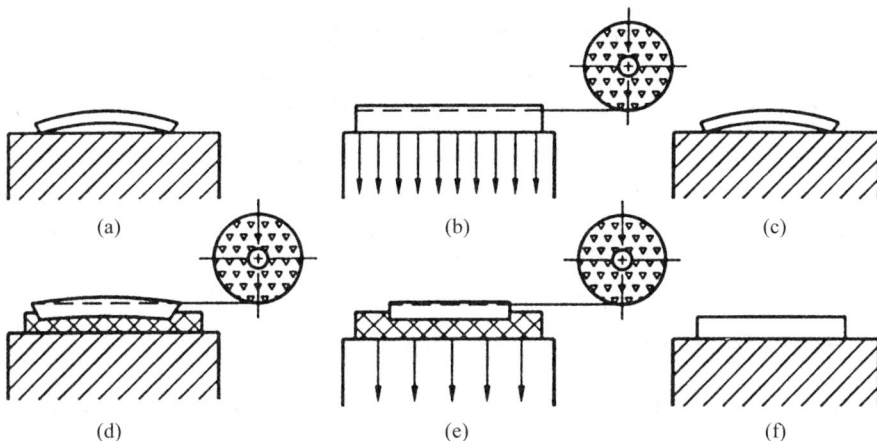

图 9-4 薄板零件的磨削

③提高机床部件的刚度。

机床部件的刚度在工艺系统中占有很大的比重,在机械加工时常用一些辅助装置提高其刚度。如图9-5(a)所示为六角车床上提高刀架刚度的装置。该装置的导向加强杆与辅助支承套或装于主轴孔内的导套配合,从而使刀架刚度大大提高,如图9-5(b)所示。

(2)提高接触刚度

由于部件的接触刚度远远低于实体零件本身的刚度,因此提高接触刚度是提高工艺系统刚度的关键,常用的方法有:

①改善工艺系统主要零件接触面的配合质量。如机床导轨副、锥体与锥孔、顶尖与顶尖等配合面采用刮研与研磨,以提高配合表面的形状精度,降低表面粗糙度。

②预加载荷。由于配合表面的接触刚度随所受载荷的增大而不断增大,所以对机床部件的各配合表面施加预紧载荷不仅可以消除配合间隙,而且还可以使接触表面之间产生预变形,从而大大提高连接表面的接触刚度。例如为了提高主轴部件的刚度,常常对机床主轴轴承进行预紧等。

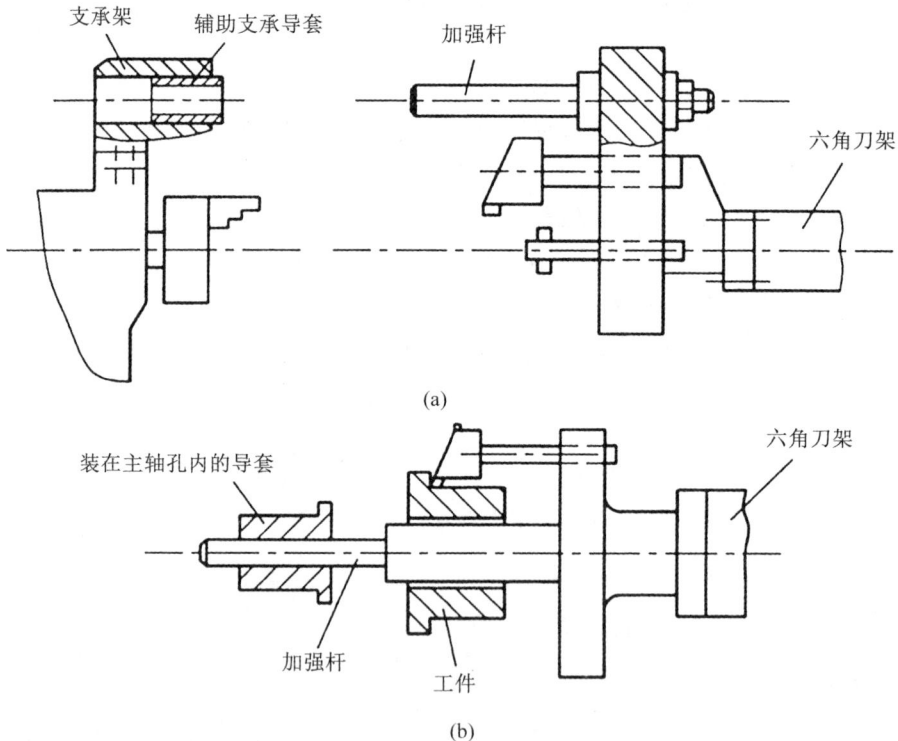

(a)

(b)

图9-5 提高刀架刚度的装置

五、工艺系统受热变形引起的加工误差

机械加工中,工艺系统在各种热源的作用下产生一定的热变形。由于工艺系统热源分布的不均匀性及各环节结构、材料的不同,使工艺系统各部分的变形产生差异,从而破坏了刀具与工件的准确位置及运动关系,产生加工误差。尤其对于精密加工,热变形引起的加工误差占总加工误差的一半以上。因此,在近代精密自动化加工中,控制热变形对加工精

度的影响已成为一项重要的任务和研究课题。

1. 工艺系统的热源

加工过程中,工艺系统的热源主要有两大类:内部热源和外部热源。

(1)内部热源

内部热源主要来自切削过程,它包括:

①切削热。切削过程中,切削金属层的弹性、塑性变形及刀具、工件、切屑间摩擦消耗的能量绝大多数转化为切削热。这些热能量以不同的比例传给工件、刀具、切屑及周围的介质。

②摩擦热。机床中的各种运动副,如导轨副、齿轮副、丝杠螺母副、蜗轮蜗杆副、摩擦离合器等,在相对运动时因摩擦而产生热量。机床的各种动力源如液压系统、电机、马达等,工作时也要产生能量损耗而发热。这些热量是机床热变形的主要热源。

③派生热源。切削中的部分切削热由切屑、切削液传给机床床身,摩擦热由润滑油传给机床各处,从而使机床产生热变形。这部分热源称为派生热源。

(2)外部热源

外部热源主要来自外部环境。

①环境温度。一般来说,工作地周围环境随气温而变化,而且不同位置处的温度各不相同,这种环境温度的差异有时也会影响加工精度。如加工大型精密件往往需要较长时间(有时甚至需要几个昼夜),由于昼夜温差使工艺系统热变形不均匀,从而产生加工误差。

②热辐射。阳光、照明灯、暖气设备及人体等。

2. 工艺系统的热平衡

工艺系统受各种热源影响,其温度逐步上升。但同时,它们也通过各种传热方式向周围散发热量。当单位时间内传入和散发的热量相等时,则认为工艺系统达到热平衡。如图9-6所示为一般机床的温度和时间曲线。由图可见,机床温度变化比较缓慢。机床开始后一段时间(约2~6 h)后,温升才逐渐趋于稳定。当机床各点温度都达到稳定值时,则被认为处于热平衡,此时的温度场,是比较稳定的温度场,其热变形也相应地趋于稳定。此时引起的加工误差是有规律的。

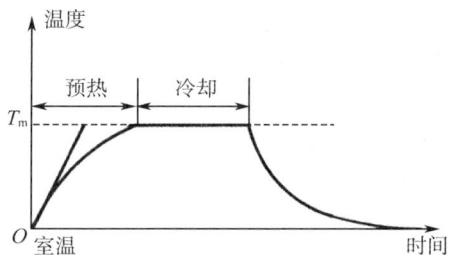

图9-6　温度和时间曲线

当机床处于平衡之前的预热期,温度随时间而升高,其热变形将随温度的升高而变化,故对加工精度的影响比较大。因此,精密加工应在热平衡之后进行。

3. 机床热变形引起的加工误差

由于机床的结构和工作条件差别很大,因此引起热变形的主要热源也不相同,大致分为以下三种:

①主要热源来自机床的主传动系统,如普通机床、六角机床、铣床、卧式镗床、坐标镗床等。

②主要热源来自机床导轨的摩擦,如龙门刨床、立式车床等。

③主要热源来自液压系统,如各种液压机床。

热源的热量,一部分传给周围介质,一部分传给热源近处的机床零部件和刀具,以致产生热变形,影响加工精度。由于机床各部分的体积较大,热容量也大,因而机床热变形进行得缓慢(车床主轴箱一般不高于60 ℃)。实践表明,车床部件中受热最多而变形最大的是主轴箱,其他部分如刀架、尾座等温升不高,热变形较小。

如图 9-7 所示的虚线表示车床的热变形。可以看出,车床主轴前轴承的温升最高。对加工精度影响最大的因素是主轴轴线的抬高和倾斜。实践表明,主轴抬高是主轴轴承温度升高而引起主轴箱变形的结果,它约占总抬高量的70%。由床身热变形所引起的抬高量一般小于30%。影响主轴倾斜的主要原因是床身的受热弯曲,它约占总倾斜量的75%。主轴前后轴承的温差所引起的主轴倾斜只占25%。

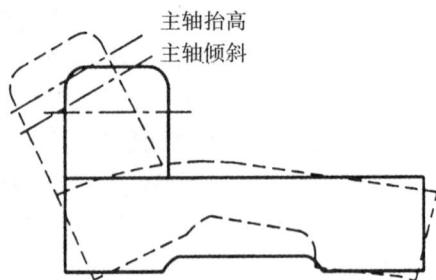

图 9-7　车床的热变形

4. 刀具热变形及对加工精度的影响

切削过程中,一部分切削热传给刀具,尽管这部分热量很少(高速车削时只占1%~2%),但由于刀体较小,热容量较小,因此刀具的温度仍然很高,如高速钢车刀的工作表面温度可达700~800 ℃。刀具受热伸长量一般情况下可达到0.03~0.05 mm,从而产生加工误差,影响加工精度。

(1)刀具连续工作时的热变形引起的加工误差

当刀具连续工作时,如车削长轴或在立式车床车大端面,传给刀具的切削热随时间不断增加,刀具产生热变形而逐渐伸长,工件产生圆度误差或平面度误差。

(2)刀具间歇工作

当采用调整法加工一批短轴零件时,由于每个工件切削时间较短,刀具的受热与冷却间歇进行,故刀具的热伸长比较缓慢。

刀具能够迅速达到热平衡,刀具的磨损又能与刀具的受热伸长进行部分地补偿,故刀具热变形对加工质量影响并不显著。

5. 工件热变形引起的加工误差

(1)工件均匀受热

当加工比较简单的轴、套、盘类零件的内外圆表面时,切削热比较均匀地传给工件,工件产生均匀热变形。

加工盘类零件或较短的轴套类零件时,由于加工行程较短,可以近似认为沿工件轴向方向的温升相等。因此,加工出的工件只产生径向尺寸误差而不产生形位误差。若工件精度要求不高,则可忽略热变形的影响。对于较长工件(如长轴)的加工,开始走刀时,工件温度较低,变形较小。随着切削的进行,工件温度逐渐升高,直径逐渐增大,因此工件表面被切去的金属层厚度越来越大,冷却后不仅产生径向尺寸误差,而且还会产生圆柱度误差。若该长轴(尤其是细长轴)工件用两顶尖装夹,且后顶尖固定锁紧,则加工中工件的轴向热伸长使工件产生弯曲并可能引起切削不稳。因此,加工细长轴时,工人经常车一刀后转一下后顶尖,再车下一刀,或后顶尖改用弹簧顶尖,目的是消除工件热应力和弯曲变形。

对于轴向精度要求较高的工件(如精密丝杠),其热变形引起的轴向伸长将产生螺距误差。因此,加工精密丝杠时必须采用有效冷却措施,减少工件的热伸长。

(2)工件不均匀受热

当工件进行铣、刨、磨等平面的加工时,工件单侧受热,上、下表面温升不等,从而导致工件向上凸起,中间切去的材料较多。冷却后被加工表面呈凹形。这种现象对于加工薄片类零件尤为突出。

为了减小工件不均匀变形对加工精度的影响,应采取有效的冷却措施,减小切削表面温升。

（3）控制温度变化,均衡温度场

由于工艺系统温度变化,引起工艺系统热变形,从而产生加工误差,并且具有随机性。因而,必须采取措施控制工艺系统温度变化,保持温度稳定,使热变形产生的加工误差具有规律性,便于采取相应措施给予补偿。

对于床身较长的导轨磨床,为了均衡导轨面的热伸长,可利用机床润滑系统回油的余热来提高床身下部的温度,使床身上、下表面的温差减小,变形均匀。

六、工件残余应力引起的误差

1. 基本概念

残余应力也称内应力,是指当外部载荷去掉以后仍存留在工件内部的应力。残余应力是由于金属内部组织发生了不均匀的体积变化而产生的。其外界因素来自热加工和冷加工。

具有内应力的工件,是处在一种不稳定状态之中的,它内部的组织有强烈的恢复到没有内应力的稳定状态的倾向。即使在常温下工件的内部组织也在不断发生变化,直到内应力完全消失为止。在这一过程中,工件的形状逐渐改变（如翘曲变形）从而丧失其原有精度。如果把存在内应力的工件装配到机器中,则会因其在使用中的变形而破坏整台机器的精度。

2. 残余应力产生的原因

（1）毛坯制造中产生的残余应力

在铸、锻、焊及热处理等加工过程中,由于工件各部分热胀冷缩不均匀以及金相组织转变时的体积变化,使毛坯内部产生了相当大的残余应力。毛坯的结构愈复杂,各部分壁厚愈不均匀,散热条件差别愈大,毛坯内部产生的残余应力也愈大。具有残余应力的毛坯在短时间内还看不出有什么变化,残余应力暂时处于相对平衡的状态,但当切去一层金属后,就打破了这种平衡,残余应力重新分布,工件就明显地出现了变形。

（2）冷校直产生的残余应力

一些刚度较差、容易变形的工件（如丝杠等）,通常采用冷校直的办法修正其变形。如图9-8（a）所示,当工件中部受到载荷F作用时,工件内部产生应力,其轴心线以上产生压应力,轴心线以下产生拉应力（图9-8（b））,而且两条虚线之间为弹性变形区,虚线之外为塑性变形区。当去掉外力后,工件的弹性恢复受到塑性变形区的阻碍,致使残余应力重新分布（图9-8（c））。由此可见,工件经冷校直后内部产生残余应力,处于不稳定状态,若再进行切削加工,工件将重新发生弯曲。

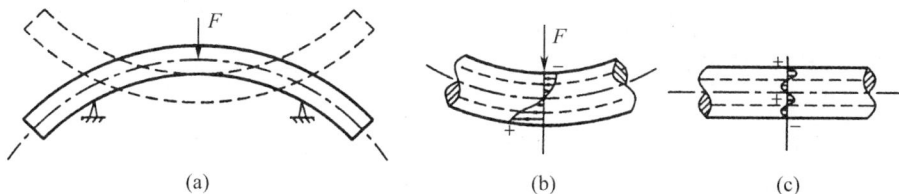

(a)　　　　(b)　　　　(c)

图9-8　冷校直引起的残余应力

（3）切削加工中产生的残余应力

工件切削加工时,在各种力和热的作用下,其各部分将产生不同程度的塑性变形及金相组织变化,从而产生残余应力,引起工件变形。

实践证明,在加工过程中切去表面一层金属后,所引起残余应力的重新分布,变形最为强烈。因此,粗加工后,应将被夹紧的工件松开使之有时间使残余应力重新分布。否则,在继续加工时,工件处于弹性应力状态下,而在加工完成后,必然要逐渐产生变形,致使破坏最终工序所得到的精度。因而机械加工中常采用粗、精加工分开的方式以消除残余应力对加工精度的影响。

3. 减少或消除残余应力的措施

（1）采取时效处理

自然时效处理,主要是在毛坯制造之后,或粗、精加工之间,让工件停留一段时间,利用温度的自然变化,经过多次热胀冷缩,使工件的晶体内部或晶界之间产生了微观滑移,从而达到减少或消除残余应力的目的。这种过程对大型精密件（如床身、箱体等）来说需要很长时间,往往会影响产品的制造周期,所以除特别精密件外,一般较少采用。

人工时效处理,这是目前使用最广的一种方法。它是将工件放在炉内加热到一定温度,使工件金属原子获得大量热能来加速它的运动,并保温一段时间达到原子组织重新排列,再随炉冷却,以达到消除残余应力的目的。这种方法对大型件来说就需要一套很大的设备,其投资和能源消耗都较大。

振动时效处理,这是消除残余应力、减少变形以及保持工件尺寸稳定的一种新方法,可用于铸造件、锻件、焊接件以及有色金属件等。它是以激振的形式将机械能加到含有大量残余应力的工件内,引起工件金属内部晶格错位蠕变,使金属的结构状态稳定,以减少和消除工件的内应力。操作时,将激振器牢固地夹持在工件的适当位置上,根据工件的固有频率调节激振器的频率,直到达到共振状态,再根据工件尺寸及残余应力调整激振力,使工件在一定的振动强度下,保持几分钟甚至几十分钟的振动,这样不需要庞大的设备,经济简便,效率高。

（2）合理安排工艺路线

对于精密零件,粗、精加工分开。对于大型零件,由于粗、精加工一般安排在一个工序内进行,故粗加工后先将工件松开,使其自由变形,再以较小的夹紧力夹紧工件进行精加工。对于焊接件,焊接前,工件必须经过预热处理以减小温差,减小残余应力。

（3）合理设计零件结构

设计零件结构时,应注意简化零件结构,提高其刚度,减小壁厚差,如果是焊接结构时,则应使焊缝均匀,以减小残余应力。

七、提高加工精度的工艺措施

保证和提高加工精度的方法,大致可概括为以下几种:减少误差法、误差补偿法、误差分组法、误差转移法、就地加工法以及误差平均法等。

1. 减少误差法

这种方法是生产中应用较广的一种方法,它是在查明产生加工误差的主要因素之后,设法消除或减少误差。

例如细长轴的车削,现在采用了"大走刀反向车削法",基本消除了轴向切削力引起的弯曲变形。若辅之以弹簧顶尖,则可进一步消除热变形引起的热伸长的危害。

再如薄片磨削中,由于采用了弹性加压和树脂胶合以加强工件刚度的办法,使工件在自由状态下得到固定,解决了薄片零件加工平面度不易保证的难题。

2. 误差补偿法

误差补偿法(或误差抵消法),是人为地造出一种新的误差,去抵消原来工艺系统中固有的原始误差。当原始误差是负值时人为的误差就取正值,反之,取负值,尽量使两者大小相等、方向相反。或者利用一种原始误差去抵消另一种原始误差,也是尽量使两者大小相等、方向相反,从而达到减少加工误差,提高加工精度的目的。

如用预加载荷法精加工磨床床身导轨,借以补偿装配后受部件自重影响而产生的变形。磨床床身是一个狭长结构,刚性比较差。虽然在加工时床身导轨的各项精度都能达到,但装上横向进给机构、操纵箱以后,往往发现导轨精度超差。这是因为这些部件的自重引起床身变形的缘故。为此,某些磨床厂在加工床身导轨时采取用"配重"代替部件质量,或者先将该部件装好再磨削的办法,使加工、装配和使用条件一致,以保持导轨高的精度。

3. 误差分组法

在加工中,由于上道工序毛坯误差的存在,造成了本工序的加工误差。由于工件材料性能改变或者上道工序的工艺改变(如毛坯精化后,把原来的切削加工工序取消),引起毛坯误差发生较大的变化,这种毛坯误差的变化,对本工序的影响主要有两种情况:

(1)误差复映,引起本工序误差;

(2)定位误差扩大,引起本工序误差。

解决这个问题,最好是采用分组调整均分误差的办法。这种办法的实质就是把毛坯按误差的大小分 n 组,每组毛坯误差范围就缩小为原来的 $1/n$,然后按各组分别调整加工。

例如,某厂生产 Y7520W 齿轮磨床交换齿轮时,产生了剃齿时心轴与工件定位孔的配合问题。配合间隙大了,剃后的工件产生较大的几何偏心,反映在齿圈径向跳动超差。同时剃齿时也容易产生振动,引起齿面波度,使齿轮工作时噪音较大。因此,必须设法限制配合间隙,保证工件孔和心轴间的同轴度要求。由于工件的孔已是 IT6 级精度,不宜再提高。为此,采用了多档尺寸的心轴,对工件孔进行分组选配,减少由于间隙而产生的定位误差,从而提高了加工精度。

4. 误差转移法

误差转移法实质上是转移工艺系统的几何误差、受力变形和热变形等。

误差转移法的实例很多。如当机床精度达不到零件加工要求时,常常不是一味提高机床精度,而是在工艺上或夹具上想办法,创造条件,使机床的几何误差转移到不影响加工精度的方面去。如磨削主轴锥孔保证其和轴颈的同轴度,不是靠机床主轴的回转精度来保证,而是靠夹具保证。当机床主轴与工件主轴之间用浮动连接以后,机床主轴的原始误差就被转移掉了。在箱体的孔系加工中,介绍过用坐标法在普通镗床上保证孔系的加工精度。其要点就是采用了精密量棒、内径千分尺和百分表等进行精密定位。这样,镗床上因丝杠、刻度盘和刻线尺而产生的误差就不会反映到工件的定位精度上去。

5. 就地加工法

在加工和装配中有些精度问题,牵扯到零、部件间的相互关系,相当复杂,如果一味地提高零、部件本身精度,有时不仅困难,甚至不可能,若采用就地加工的方法,就可能很方便地解决了看起来非常困难的精度问题。

例如,六角车床制造中,转塔上6个安装刀架的大孔,其轴心线必须保证和主轴旋转中心线重合,而6个面又必须和主轴中心线垂直。如果把转塔作为单独零件,加工出这些表面后再装配,因包含了很复杂的尺寸链关系,要想达到上述两项要求是很困难的。因而实际生产中采用了就地加工法。这些表面在装配前不进行精加工,等它装配到机床上以后,再加工6个大孔及端面。

6. 误差平均法

对配合精度要求很高的轴和孔,常采用研磨方法来达到要求。研具本身并不要求具有高精度,但它却能在和工件相对运动过程中对工件进行微量切削,最终达到很高的精度。这种工件和研具表面间的相对摩擦和磨损的过程也是误差不断减少的过程,此即称为误差平均法。

如内燃机进排气阀门与阀座的配合的最终加工,船用气、液阀座间配合的最终加工,常用误差平均法消除配合间隙。

利用误差平均法制造精密零件,在机械行业中由来已久,在没有精密机床的时代,用"三块平板合研"的误差平均法刮研制造出号称原始平面的精密平板,平面度达几微米。像平板一类的基准工具,如直尺、角度规、多棱体、分度盘及标准丝杠等高精度量具和工具,当今还采用误差平均法来制造。

任务三　机械加工表面质量

一、表面质量的基本概念

机器零件的加工质量,除了加工精度外,还包括零件在加工后的表面质量。表面质量的好坏对零件的使用性能和寿命影响很大。机械加工表面质量包括以下两方面的内容。

1. 表面层的几何形状特性

(1)表面粗糙度

它是指加工表面的微观几何形状误差,在图9-9(a)中 R_a 表示轮廓算术平均偏差。表面粗糙度通常是由机械加工中切削刀具的运动轨迹所形成。

(2)表面波度

它是介于宏观几何形状误差($\Delta_形$)与微观几何形状误差之间的周期性几何形状误差。图9-9(b)中,A 表示波度的高度。表面波度通常是由于加工过程中工艺系统的低频振动所造成的。

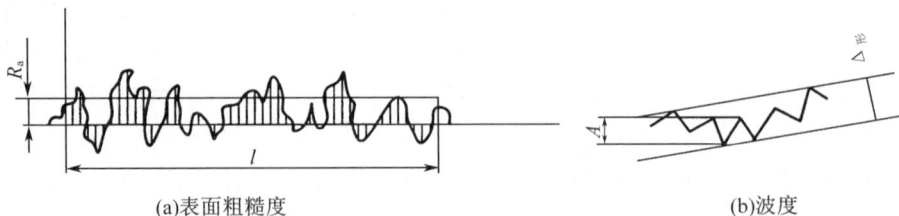

(a)表面粗糙度　　　　　　　　　　　　　(b)波度

图9-9　表面粗糙度与波度

2. 表面层物理机械性能

表面层物理机械性能主要是指下列三个方面：

①表面层冷作硬化；

②表面层金相组织的变化；

③表面层残余应力。

二、表面质量对零件使用性能的影响

1. 表面质量对零件耐磨性的影响

零件的使用寿命常常是由耐磨性决定的,而零件的耐磨性不仅和材料及热处理有关,而且还与零件接触表面的粗糙度有关,若两接触表面产生相对运动时,则最初只在部分凸峰处接触,因此实际接触面积比理论接触面积小得多,从而使得单位面积上的压力很大。当其超过材料的屈服点时,就会使凸峰部分产生塑性变形甚至被折断或因接触面的滑移而迅速磨损,这就是零件表面的初期磨损阶段(如图9－10中第Ⅰ阶段)。以后随接触面积的增大,单位面积上的压力减小,磨损减慢,进入正常磨损阶段(如图9－10中第Ⅱ阶段)。此阶段零件的耐磨性最好,持续的时间也较长。最后,由于凸峰被磨平,粗糙度值变得非常小,不利于润滑油的贮存,且使接触表面之间的分子亲和力增大,甚至发生分子黏合,使摩擦阻力增大,从而进入急剧磨损阶段(如图9－10中第Ⅲ阶段)。零件表面层的冷作硬化或淬硬,可提高零件的耐磨性。

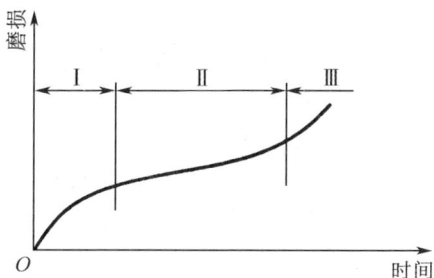

图9－10　零件的磨损

2. 表面质量对零件疲劳强度的影响

零件由于疲劳而破坏都是从表面开始的,因此表面层的粗糙度对零件的疲劳强度影响很大。在交变载荷作用下,由于表面上微观不平的凹谷处,容易形成应力集中,产生和加剧疲劳裂纹以致疲劳损坏。实验证明,表面粗糙度值从 $0.02~\mu m$ 变到 $0.2~\mu m$,其疲劳强度下降约为 25% 。

零件表面的冷硬层,有助于提高疲劳强度。因为强化过的表面冷硬层具有阻碍裂纹继续扩大和新裂纹产生的能力。此外,当表面层具有残余压应力时,能使疲劳强度提高;当表面层具有残余拉应力时,则使疲劳强度进一步降低。

3. 表面质量对零件耐腐蚀性的影响

零件的耐腐蚀性在很大程度上取决于表面粗糙度。表面粗糙度值越大,越容易积聚腐蚀性物质,凹谷越深,渗透与腐蚀作用越强烈。故减小表面粗糙度值,可提高零件的耐蚀性。此外,残余应力使零件表面紧密,腐蚀性物质不易进入,可增强零件的耐蚀性。

4. 表面质量对配合性质的影响

在间隙配合中,如果配合表面粗糙,则在初期磨损阶段由于配合表面迅速磨损,使配合间隙增大,改变了配合性质。在过盈配合中,如果配合表面粗糙,则装配后表面的凸峰将被挤压,而使有效过盈量减少,降低了配合强度。

三、影响表面粗糙度的因素

机械加工时,表面粗糙度形成原因大致归纳为两个方面:一是刀刃与工件相对运动轨迹所形成的表面粗糙度——几何因素;二是与被加工材料性质及切削机理有关的因素——物理因素。

1. 切削加工中影响表面粗糙度的因素

(2)几何因素

切削加工时,由于刀具切削刃的形状和进给量的影响,不可能把余量完全切除,而在工件表面上留下一定的残余面积,残留面积高度愈大,表面愈粗糙。残留面积高度与进给量、刀具主偏角等有关。

(2)物理因素

切削加工时,影响表面粗糙度的物理因素主要表现为:

①积屑瘤。

用中等或较低的切削速度(一般 $v < 80$ m/min)切削塑性材料时,易产生积屑瘤。合理选择切削量,采用润滑性能优良的切削液,都能抑制积屑瘤产生,降低表面粗糙度。

②刀具表面对工件表面的挤压与摩擦。

在切削过程中,刀具切削刃总有一定的钝圆半径,因此在整个切削厚度内会有一薄层金属无法切去,这层金属与刀刃接触的瞬间,先受到剧烈的挤压而变形,当通过刀刃后又立即弹性恢复与后刀面强烈摩擦,再次受到拉伸变形,这样往往在已加工表面上形成鳞片状的细裂纹(称为鳞刺)而使表面粗糙度增大。降低刀具前、后刀面的表面粗糙度,保持刀刃锋利及充分施加润滑液,可减小摩擦,有利于降低工件表面粗糙度。

③工件材料性质。

切削脆性金属材料,往往出现微粒崩碎现象,在加工表面上留下麻点,使表面粗糙度增大。降低切削用量并使用切削液有利于降低表面粗糙度。切削塑性材料时,往往挤压变形而产生金属的撕裂和积屑瘤现象,增大了表面粗糙度。此外,被加工材料的金相组织对加工表面粗糙度也有较大的影响。实验证明,在低速切削时,片状珠光体组织较粒状珠光体能获得较低的表面粗糙度;在中速切削时,粒状珠光体组织则比片状珠光体好;高速切削时,工件材料性能对表面粗糙度的影响较小。加工前如对工件材料调质处理,降低材料的塑性,也有利于降低表面粗糙度。

2. 磨削加工中影响表面粗糙度的因素

磨削加工是由砂轮的微刃切削形成的加工表面,单位面积上刻痕越多,且刻痕细密均匀,则表面粗糙度越细。磨削加工中影响表面粗糙度的因素有:

(1)磨削用量

砂轮速度 v_s 对表面粗糙度的影响较大,v_s 大时,参与切削的磨粒数增多,可以增加工件单位面积上的刻痕数,同时高速磨削时工件表面塑性变形不充分,因而提高 v_s 有利于降低表面粗糙度。

磨削深度与进给速度增大时,将使工件表面塑性变形加剧,因而使表面粗糙度增大。为了提高磨削效率,通常在开始磨削时采用较大的磨削深度,而后采用小的磨削深度或光磨,以减小表面粗糙度。

（2）砂轮

砂轮的粒度愈细,单位面积上的磨粒数多,使加工表面刻痕细密,则表面粗糙度愈小。但粒度过细,容易堵塞砂轮而使工件表面塑性变形增加,影响表面粗糙度。

砂轮硬度应适宜,使磨粒在磨钝后及时脱落,露出新的磨粒来继续切削,即具有良好的"自砺性",工件就能获得较细的表面粗糙度。

砂轮应及时修整,以去除已钝化的磨粒,保证砂轮具有等高微刃,砂轮上的切削微刃越多,其等高性越好,磨出的表面越细。

（3）工件材料

工件材料的硬度、塑性、韧性和导热性能等对表面粗糙度有显著影响,工件材料太硬时,磨粒易钝化;太软时,易堵塞。韧性大和导热性差的材料,使磨粒早期崩落而破坏了微刃的等高性,因此均使表面粗糙度增大。

（4）冷却润滑液

磨削冷却润滑液对减小磨削力、温度及砂轮磨损等都有良好的效果。正确选用冷却液有利于减小表面粗糙度。

四、影响表面物理机械性能的因素

1. 加工表面的冷作硬化

表面冷作硬化是由于机械加工时,工件表面层金属受到切削力的作用,产生强烈的塑性变形,使金属的晶格被拉长、扭曲,甚至破坏而引起的。其结果引起材料的强化,表面硬度提高,塑性降低,物理机械性能发生变化。另一方面,机械加工中产生的切削热在一定条件下会使金属在塑性变形中产生回复现象（已强化的金属回复到正常状态）,使金属失去冷作硬化中所得到的物理机械性能,因此机械加工表面层的冷硬,是强化作用与回复作用综合结果。

影响表面层冷作硬化的因素:

（1）切削用量

①切削速度 v:随着切削速度的增大,被加工金属塑性变形减小,同时由于切削温度上升使回复作用加强,因此冷硬程度下降。当切削速度高于 100 m/min 时,由于切削热的作用时间减小,回复作用降低,故冷硬程度反而有所增加。

②进给量 f:进给量增大使切削厚度增大,切削力增大,工件表面层金属的塑性变化增大,故冷硬程度增加。

（2）刀具

①刀具刃口圆弧半径 r_ε:刀具刃口圆弧半径增大,表面层金属的塑性变形加剧,导致冷硬程度增大。

②刀具后刀面磨损宽度 VB:一般地说,随后刀面磨损宽度 VB 的增大,刀具后刀面与工作表面摩擦加剧,塑性变形增大,导致表面层冷硬程度增大。但当磨损宽度超过一定值时,摩擦热急剧增大,从而使得硬化的表面得以回复,所以显微硬度并不继续随 VB 的增大而增高。

③前角 γ_o:前角增大,可减小加工表面的变形,故冷硬程度减小。实验表明,当前角在 $\pm 15°$ 范围内变化时,对表面冷硬程度的影响很小,前角小于 $-20°$ 时,表面层的冷硬程度将急剧增大。

刀具后角 α_o、主偏角 κ_r、副偏角 κ_r' 及刀尖圆角半径 r_ε 等对表面层冷硬程度影响不大。

（3）工件材料

工件材料的塑性越大，加工表面层的冷硬程度越严重，碳钢中含碳量越高，强度越高，其冷硬程度越小。

有色金属熔点较低，容易回复，故冷硬程度要比结构钢小得多。

2. 加工表面的金相组织变化

对于一般的切削加工，切削热大部分被切屑带走，加工表面温升不高，故对工件表面层的金相组织的影响不严重。而磨削时，磨粒在高速（一般是 35 m/s）下以很大的负前角切削薄层金属，在工件表面引起很大的摩擦和塑性变形，其单位切削功率消耗远远大于一般切削加工。由于消耗的功率大部分转化为磨削热，其中约 80% 的热量将传给工件，所以磨削是一种典型的容易产生加工表面金相组织变化（磨削烧伤）的加工方法。

磨削烧伤分为回火烧伤、淬火烧伤和退火烧伤，它们的特征是在工件表面呈现烧伤色，不同的烧伤色表明表面层具有不同的温度与不同的烧伤深度。

表面层烧伤将使零件的物理机械性能大为降低，使用寿命也可能成倍下降，因此工艺上必须采取措施，避免烧伤的出现。

影响磨削表面金相组织变化的因素如下：

（1）磨削用量

①磨削深度 α_p：当磨削深度增加时，无论是工件表面温度，还是表面层下不同深度的温度，都随之升高，故烧伤的可能性增大。

②纵向进给量 f_a：纵向进给量增大，热作用时间减少，使金相组织来不及变化，磨削烧伤减轻。但 f_a 大时，加工表面的粗糙度增大，一般可采用宽砂轮来弥补。

③工件线速度 v_w：工件速度增大，虽使发热量增大，但热作用时间减少，故对磨削烧伤影响不大。提高工件速度会导致工件表面更为粗糙。为了弥补这一缺陷而又能保持高的生产率，一般可提高砂轮速度。

（2）砂轮的选择

砂轮的粒度越细、硬度越高、自砺性越差，则磨削温度越高。砂轮组织太紧密时磨削堵塞砂轮，易出现烧伤。

砂轮结合剂最好采用具有一定弹性的材料，磨削力增大时，砂轮磨粒能产生一定的弹性退让，使切削深度减小，避免烧伤。

（3）工件材料

工件材料对磨削区温度的影响主要取决于它的硬度、强度、韧性和导热系数。

工件的强度、硬度越高或韧性越大，磨削时磨削力越大，功率消耗也越大，造成表面层温度增高，因而容易造成磨削烧伤。

导热性能较差的材料，如轴承钢、高速钢及镍铬钢等，受热后更易磨削烧伤。

（4）冷却润滑

采用切削液带走磨削区热量可以避免烧伤。但是磨削时，由于砂轮转速较高，在其周围表面会产生一层强气流，用一般冷却方法，切削液很难进入磨削区。目前采用的比较有效的冷却方法有内冷却法、喷射法和含油砂轮等。

3. 加工表面的残余应力

切削加工的残余应力与冷作硬化及热塑性变形密切相关。凡是影响冷作硬化及热塑性变形的因素(如工件材料、刀具几何参数、切削用量等)都将影响表面残余应力,其中影响最大的是刀具前角和切削速度。

大国工匠:导弹点火把关人

参考文献

[1]王家珂.机械零件加工工艺编制[M].北京:机械工业出版社,2016.

[2]蒋兆宏.典型机械零件的加工工艺[M].北京:机械工业出版社,2014.

[3]兰建设.机械制造工艺与夹具[M].北京:机械工业出版社,2004.

[4]刘祥伟.普通机床机械零件加工[M].北京:北京理工大学出版社,2014.

[5]刘正林.船舶机械制造工艺学[M].北京:人民交通出版社,1999.